VIDAS AMARRADAS COM ARAME

Antonio Carlos de Souza

VIDAS AMARRADAS COM ARAME

A falta de atitudes pode gerar perdas em áreas de nossas vidas.

COMO EVITAR ISSO?

IFC Editora

Vidas Amarradas com Arame

ISBN: 978-85-87301-58-1

1a. Edição: Abril de 2009

Original
Antonio Carlos de Souza

Capa
Nortrix

Projeto Gráfico e Diagramação
Sandra Oliveira

Impressão e Acabamento
Imprensa da Fé

Os textos bíblicos utilizados neste livro são da versão
2a. Edição, Revista e Atualizada
de João Ferreira de Almeida

IFC Editora

Fone: (19) 3886-5266
Vinhedo, SP

Visite nosso site:
www.ifceditora.com.br

Dedicatória

É com grande alegria em meu coração que dedico
este livro aos irmãos e alunos do IFC –
Escola de Ministérios de Roma- Itália,
pois foi através deles que veio
a inspiração para escrevê-lo.

Índice

Introdução

O título deste livro surgiu durante um seminário em que eu ministrava no IFC – Escola de Ministérios em Roma, Itália, quando ao fazer a ilustração sobre pessoas que frente aos problemas que enfrentam em suas vidas, seja na área familiar, seja na financeira ou outra área qualquer, em vez de tomarem uma atitude para solução dos mesmos, vão dando "jeitinhos" e postergando as ações que deveriam ser desenvolvidas a fim de colocar em ordem o que está fora do lugar. Com esse tipo de atitude não só deixam de resolver situações, como ainda agravam as consequências decorrentes da falta de ação. Foi nesse momento que me veio a mente a cena de alguns anos atrás quando por algumas vezes, eu havia visto veículos cujos para-choques haviam se desprendido e seus proprietários, para "resolver" o problema, simplesmente os amarravam com arames. Se o arame enferrujava, eles substituíam o arame por outro em vez de levarem os veículos à uma oficina para conserto.

Por diversas vezes eu vi essa cena e creio que você leitor também deve ter visto e, usando essa ilustração, aproveitei para falar sobre pessoas que, em vez de tomarem atitudes para resolver seus problemas tomando por base a infalível Palavra de Deus, vão deixando o tempo passar sem que haja uma ação para corrigir a direção e reverter as situações que estejam em desacordo com a vontade de Deus. Existem pessoas cujas vidas estão amarradas com arame pois não tomam atitudes para consertar o que não está funcionando corretamente em suas vidas.

Vão deixando o tempo passar pensando que por sí só as coisas se resolverão e isso não é verdade. A falta de gerenciamento correto das diferentes áreas da vida da pessoa, certamente vai gerar perdas. Nada, que alguém deixe ao acaso, se consertará a menos que haja uma ação efetiva.

Surge então a expressão: "Vidas amarradas com arame".

O impacto desta expressão foi tão grande naquele momento que eu brinquei e disse: "Esse seria um bom tema para um livro". Diante dessa colocacão,algumas pessoas disseram: "Isso mesmo, escreve sobre esse assunto". Então aqui está o resultado de algo que venho ministrando já faz algum tempo.

Infelizmente estamos vivendo numa época na qual tenho visto irmãos que estão passando por dificuldades em algumas áreas de suas vidas e não tomam nenhuma atitude a fim de mudar a situação e sair dessas dificuldades. Vidas amarradas com arame fala então das pessoas que vivem dando jeitinhos mas não tomam atitudes que venham possibilitar a mudança de uma situação adversa para outra abençoada.

A Palavra de Deus nos garante vitória, não ausência de problemas. Vamos então abordar diversas situações neste livro cujas áreas podem estar "amarradas com arame".

Que este livro possa ajudar você ou alguém que você conhece a tomar atitudes para provocar uma mudança, em alguns casos até radicais, a fim de conduzi-lo à vitória prometida nas Sagradas Escrituras:

> "Graças, porém, a Deus, que, em Cristo, sempre nos conduz em triunfo e, por meio de nós, manifesta em todo lugar a fragrância do seu conhecimento" - 2 Coríntios 2 : 14.

Capítulo 1

A tendência natural das coisas

"Quem é negligente na sua obra já é irmão do desperdiçador"

Provérbios 18 : 9.

Embora existam grandes discussões sobre as teorias da criação e evolução, principalmente aquelas relacionadas com a segunda lei da termodinâmica, que de uma forma bastante simples diz que é impossível alguma coisa se organizar por si só, a menos que haja uma força exterior para induzir a isso, pois a tendência natural é de perda e não de ganho por ser uma lei basicamente universal de deterioração. Vamos então partir de uma observação simples do nosso cotidiano para entender o que acontece com as coisas que nos rodeiam, a fim de ilustrar e fornecer a base para o assunto que vamos desenvolver neste livro.

Vamos tomar por exemplo a construção de um edifício onde o projeto é elaborado por um bom arquiteto e cuja construção é feita pelos melhores engenheiros e demais trabalhadores e são empregados materiais de primeira qualidade. Quando o edifício está concluído, pode-se ver uma grande beleza arquitetônica e a qualidade da construção pode ser atestada. Mas é um fato que esse edifício com o passar do tempo, vá necessitar de manutenção em vários aspectos, sob pena de deterioração. Ainda assim, com o passar dos anos, ele vai perdendo sua qualidade inicial. E a situação piora mais, se não forem tomadas providências no sentido de se consertar as coisas que vão se deteriorando ao longo da vida útil deste edifício. Assim o é com tudo na vida. A roupa nova comprada na loja vai envelhecer, o carro, móveis, etc..., demonstrando assim a realidade da lei da deterioração.

Quanto a nossa vida não é diferente, é certo que a morte é inevitável, contudo podemos ter qualidade de vida em todas as áreas até que isso aconteça. Se decisões não forem tomadas ao longo de nossa vida cristã para corrigir coisas que são necessárias para termos qualidade, então a tendência natural será de perda.

Existem aqueles que em vez de tomarem atitudes de mudança diante de problemas que acontecem em suas vidas, vão dando jeitinhos aqui e ali, "amarrando com arames", com isso não só não resolvem as coisas, como ainda vão piorando sua situação dia após dia.

Um bom exemplo que podemos usar para ilustrar pode ser o que algumas pessoas fazem com seus carros (sei que não é seu caso). Elas ouvem um barulhinho estranho mas não levam na oficina para consertar, pois pensam: "Isso não deve ser nada, a qualquer momento ele pára". Passam-se mais alguns dias e ouvem outro barulhinho um pouco mais forte, mas como da vez anterior, também não tomam nenhuma atitude. Três meses depois quando elas percebem que o carro realmente está com um problema é que resolvem ir à oficina. O mecânico examina o carro e pergunta: "O senhor não ouviu nenhum barulho estranho há tempos atrás?". O que a pessoa responde? A resposta: "Ouvi sim, mas achei que não era nada". Agora ela vai ter que pagar um valor muito alto para consertar o estrago que foi causado quando tudo poderia ser resolvido de forma mais fácil se tão somente tivesse ido ao mecânico quando percebeu o tal barulhinho estranho.

Eu pergunto: "Não é exatamente isso o que tem acontecido na vida de muitos cristãos" ? Estão com problemas em várias áreas de suas vidas e não tomam atitude alguma para mudar a situação. Vão esperando o tempo passar pensando que tudo vai ser resolver por si só. Em vez de resolverem a situação, ainda vão torná-la mais difícil a cada dia que passa.

A Palavra de Deus como nosso: "Manual de instruções" é para que possamos aplicar em nossas vidas as instruções nele contidas, a fim de que as coisas funcionem de maneira correta e como consequência tenhamos a vida abundante prometida pelo Senhor Jesus:

> "... eu vim para que tenham vida e a tenham em abundância" - João 10 : 10b.

A Bíblia não é um conjunto de livros com o objetivo de encher a mente das pessoas com conhecimento intelectual. Ela é a fonte de onde brotam as orientações para uma vida cristã saudável.

AS ESPECIFICAÇÕES TÉCNICAS

Tomando ainda por base o edifício, nós vamos observar que existem especificações técnicas para garantir a qualidade da construção. Para garantir que tudo saia de acordo com o projeto durante as diversas fases da construção, as especificações devem ser observadas.

Da mesma forma, nós também temos o nosso manual de normas técnicas. Ele se chama a Bíblia Sagrada. Nela temos as orientações para todas as áreas de nossas vidas. A razão pela qual áreas da vida de muitos cristãos estão deficientes, é que as especificações não estão sendo seguidas:

> "Também eu te digo que tu és Pedro, e sobre esta pedra eu edificarei a minha igreja, e as portas do inferno não prevalecerão contra ela" - Mateus 16 : 18.

Jesus está afirmando que é Ele quem vai edificar, construir, a Sua Igreja. Quando olhamos para o Antigo Testamento e vemos a ordem de Deus para a construção do tabernáculo, vamos ver que Ele dá ordens bem precisas a Moisés para que tudo fosse feito de acordo com o Seu projeto:

> "E me farão um santuário, para que eu possa habitar no meio deles. Segundo tudo o que eu te mostrar para modelo do tabernáculo, e para modelo de todos os móveis, assim mesmo o fareis" - Êxodo 25 : 8, 9.

Nós vemos aqui Moisés recebendo ordem de Deus para que fizesse tudo conforme o modelo (projeto) que lhe foi mostrado. Na continuação do Livro de Êxodo, vamos encontrar Deus dando ordens detalhadas (especificações técnicas) para que o tabernáculo fosse construído exatamente como Ele havia determinado que se fizesse. Não só Deus mostrou o projeto e forneceu as especificações, como também selecionou e capacitou aqueles que deveriam trabalhar na construção do tabernáculo:

> "Disse mais o Senhor a Moisés: Eis que chamei pelo nome a Bezalel, filho de Uri, filho de Hur, da tribo de

> Judá, e o enchi do Espírito de Deus, de habilidade, de inteligência e de conhecimento, em todo artifício, para elaborar desenhos e trabalhar em ouro, em prata, em bronze, para lapidação de pedras de engaste, para entalho de madeira, para toda sorte de lavores. Eis que lhe dei por companheiro Aoliabe, filho de Alsamaque, da tribo de Dã; e dei habilidade a todos os homens hábeis, para que me façam tudo o que tenho ordenado: a tenda da congregação, e a arca do Testemunho, e o propiciatório que está por cima dela, e todos os pertences da tenda; e a mesa com os seus utensílios, e o candelabro de ouro puro com todos os seus utensílios, e o altar do incenso; e o altar do holocausto com todos os seus utensílios e a bacia com seu suporte; e as vestes finamente tecidas, e as vestes sagradas do sacerdote Arão, e as vestes de seus filhos, para oficiarem como sacerdotes; e o óleo da unção e o incenso aromático para o santuário; eles farão **tudo** segundo tenho ordenado" - Êxodo 31 : 1 a 11.

E assim Moisés construiu tudo como Deus havia lhe ordenado. Moisés não fez qualquer alteração ou acréscimo ao que o Senhor havia estabelecido que ele fizesse. Ele somente cumpriu com a direção que lhe foi dada. Este também é um problema sério em que pessoas querem fazer nas igrejas conforme a sua própria vontade, ficam dando orientações segundo o que elas pensam que deveria ser e acabam por sair fora da Palavra de Deus.

Deus te chamou para ser uma bênção aqui na terra e, você só vai conseguir cumprir o propósito para o qual Ele te criou e ser essa bênção se tão somente abrir mão de sua própria vontade e se submeter integralmente à vontade d'Ele. Quando Jesus ensinou que para ser discípulo d'Ele teríamos que tomar cada dia nossa cruz, Ele não estava se referindo aos problemas e dificuldades que teríamos de enfrentar durante nossa caminhada como cristãos mas, que deveríamos crucificar todos os dias nossa carne, nossa vontade, nossos desejos e tudo que não tem parte com o Reino de Deus:

> "Tende em vós o mesmo sentimento que houve também em Cristo Jesus, pois ele, subsistindo em forma de Deus, não julgou como usurpação o ser igual a Deus; antes, a si mesmo se esvaziou, assumindo a forma de servo, tornando-se em semelhança de homens; e, reconhecido em figura humana, a si mesmo se humilhou, tornando-se obediente até a morte e morte de cruz" - Filipenses 2 : 5 a 8.

Jesus nos deu o exemplo para que pudéssemos andar na terra assim como ele mesmo andou: em total obediência ao Pai. Por isso, se deixarmos, nossa carne vai tomar conta e atrapalhar os planos que Deus tem a nosso respeito.

Hoje o santuário de Deus são os salvos. E da mesma forma que o santuário do Antigo Testamento, temos da parte de Deus as especificações para que cada área de nossa vida possa seguir de forma harmoniosa e apresentar uma vida de bom testemunho cristão tanto na Igreja como no mundo.

No próximo capítulo vamos ver um exemplo bíblico de como podemos perder o que Deus tem colocado em nossas mãos, se não cuidarmos corretamente, com zelo e integridade, do que nos foi confiado.

Capítulo 2

Cuidar do que Deus colocou em suas mãos

"Tudo quanto te vier à mão para fazer,
faze-o conforme as tuas forças, porque no além,
para onde tu vais, não há obra, nem projetos,
nem conhecimento, nem sabedoria alguma"
Eclesiastes 9 : 10.

Uma coisa a entender é que temos responsabilidades a assumir com relação às diversas áreas de nossas vidas. Neste livro vamos abordar os aspectos mais importantes com uma apresentação de como devem ser tratadas essas áreas, bem como algumas considerações sobre "jeitinhos" que alguns estão dando com relação a elas, que são contrários às orientações bíblicas, a fim de incentivá-los a tomarem atitudes que podem transformar essas áreas que não estão indo bem e mudá-las para melhor. Lembre-se: "Deus quer o melhor para Seus filhos", mas se não seguirem Suas instruções, Ele não tem como abençoá-los.

A lição a ser aprendida é: "Tudo que não é bem administrado vai gerar perdas". Elas podem ser grandes ou pequenas, mas se não administrarmos corretamente o que Deus colocou em nossas mãos, vamos ter perdas.

Para demonstrar o que acontece quando não cuidamos do que Deus colocou em nossas mãos, vamos nos apoiar num exemplo bíblico bem conhecido. Vamos voltar ao Éden e examinar o que aconteceu na vida de Adão e Eva.

A criação do homem

Deus criou o homem com um objetivo bem definido:

> "Também disse Deus: Façamos o homem à nossa imagem, conforme a nossa semelhança; tenha ele ***domínio*** sobre os peixes do mar, sobre as aves dos céus, sobre os animais domésticos, sobre toda a terra e sobre todos os répteis que rastejam pela terra" - Gênesis 1 : 26.

> "E Deus os abençoou e lhes disse: Sede fecundos, multiplicai-vos, enchei a terra e sujeitai-a; dominai sobre os peixes do mar, sobre as aves dos céus e sobre todo animal que rasteja pela terra" - Gênesis 1 : 28.

Na mente de Deus, o objetivo ao criar o homem seria para dominar, governar a terra. Deus que é a autoridade máxima no universo, com relação à terra, entregou o domínio e o governo nas mãos do homem. Ele delegou ao homem a autoridade sobre a terra. Uma confirmação disso encontramos no livro de Salmos:

> "Os céus são os céus do Senhor, mas a terra, deu-a ele aos filhos dos homens" - Salmo 115 : 16.

No capítulo um de Gênesis, encontramos então o plano de Deus para o homem. No capítulo dois, vamos nos deparar com uma situação que nos revela a preocupação de Deus com Sua criação, e também de como Ele é um ser bem organizado:

> "Não havia ainda nenhuma planta do campo na terra, pois ainda nenhuma erva do campo havia brotado; porque o Senhor Deus não fizera chover sobre a terra, e também não havia homem para lavrar o solo" - Gênesis 2 : 5.

Uma vez que não havia homem para lavrar a terra, Deus segurou o processo de produção de plantas na terra, como também da criação de animais para que não houvesse perdas. Enquanto não houvesse homem sobre a terra, Deus não iria colocar nada antes do homem por causa da autoridade que Ele havia estabelecido para este. Então vamos ver a sequência da criação para entendermos como Deus se preocupa com as coisas que Ele criou.

Primeiro - Deus cria o homem:

> "Então formou o Senhor Deus ao homem do pó da terra e lhe soprou nas narinas o fôlego de vida, e o homem passou a ser alma vivente" - Gênesis 2 : 7

Em seguida, após a criação do homem, Deus cria as plantas e os animais:

> "E plantou o Senhor Deus um jardim no Éden, na direção do Oriente, e pôs nele o homem que havia formado. Do solo fez o Senhor Deus brotar toda sorte de árvores agradáveis à vista e boas para alimento; e também a árvore da vida no meio do jardim e a árvore do conhecimento do bem e do mal" - Gênesis 2 : 8, 9.

> "Havendo, pois, o Senhor Deus formado da terra todos os animais do campo e todas as aves dos céus, trouxe-os ao homem, para ver como este lhes chamaria; e o nome que o homem desse a todos os seres viventes, esse seria o nome deles" - Gênesis 2 : 19.

Primeiro Deus formou o homem do pó da terra. Agora que já tem homem para governar a terra, vemos na sequência dos versículos acima mencionados, que Deus planta um jardim e coloca todo tipo de árvores, tanto comestíveis (para servir de alimento) como agradáveis à vista. Posteriormente, ele forma os animais da terra e traz ao homem para que ele pudesse dar-lhes os nomes e cuidar. A razão pela qual Adão deu o nome aos animais foi para que, através desse ato, ele estivesse determinando quem era a autoridade sobre eles.

Finalmente para que o homem pudesse exercer bem suas tarefas, Deus cria a mulher:

> "Então o Senhor Deus fez cair um sono pesado sobre o homem, e este adormeceu; tomou uma das suas costelas e fechou o lugar com carne. E a costela que o Senhor Deus tomara ao homem, transformou numa mulher, e lha trouxe" - Gênesis 2 : 21, 22.

Deus criou a mulher para ser uma ajudadora idônea (Gênesis 2 : 20), ou seja, Adão teria também a responsabilidade de cuidar de sua mulher. Ajudadora não quer dizer inferior, mas que Adão precisava de alguém junto dele para cumprir com o propósito de Deus, ou seja, o governo do homem sobre a terra.

Agora está tudo pronto para o homem governar, exercer seu domínio sobre a terra. Existem plantas, animais e uma companheira para auxiliá-lo nessa tarefa dada por Deus. Mas Adão tem responsabilidades que ele precisa assumir:

> "Tomou, pois, o Senhor Deus ao homem e o colocou no jardim do Éden para o cultivar e o guardar" - Gênesis 2 : 15.

Observe que Adão foi colocado ali para cuidar do que Deus havia colocado em suas mãos – o Éden. Ele tinha que lavrar, isto significa que tinha que trabalhar. Tem pessoas que acham que o trabalho é uma maldição e que só entrou na vida do homem após a queda. De jeito nenhum. O trabalho do homem se iniciou no Éden. A outra função de Adão era a de guardar, ou seja, proteger o jardim. Mas proteger do quê ou de quem se só havia ele e Eva no jardim? Proteger do ataque do inimigo. Lúcifer estava presente quando Deus falou com Adão, tanto que quando ele foi falar com Eva perguntou: "Foi assim que Deus disse ....?". Ele sabia que Deus havia falado com Adão. Portanto ele estava presente naquele lugar e cabia a Adão evitar que o inimigo tivesse acesso ao que Deus lhe havia entregue para cuidar.

Deus vinha então ao jardim para ver como as coisas estavam indo:

> "Quando ouviram a voz do Senhor Deus, que andava no jardim pela viração do dia ..." - Gênesis 3 : 8a.

Não só Deus entregou o domínio da terra ao homem, como também veio para observar, supervisionar o que Adão estava fazendo com o que Ele havia dado. Deus esperava que Adão correspondesse com responsabilidade sobre o que Ele havia colocado em suas mãos para cuidar.

Da mesma forma, caro leitor, Deus tem colocado coisas em nossas mãos para serem trabalhadas e protegidas para que o inimigo não venha a roubar ou destruir o que Ele tem nos dado e, portanto teremos que prestar contas a Ele por tudo que colocou em nossas mãos. Sobre isso vamos falar mais adiante quando estivermos tratando de cada área de nossas vidas a fim de verificarmos se temos cuidado corretamente do que Deus nos deu ou temos "empurrado com a barriga" e amarrando com arames em vez de tomarmos atitudes (trabalhar) para que tudo funcione bem e possamos colher a bênção de Deus para cada uma das áreas tratadas neste livro.

SATANÁS ENTRA EM CENA

Vendo Satanás que o homem agora estava governando o que anteriormente pertencia a ele, vai investir contra o homem para impedir que ele usufrua dos benefícios que estavam à sua disposição. A preservação de tudo que Adão havia recebido estava condicionada a obediência a Deus e Satanás sabia disso!

Deus havia dado uma ordem a Adão:

> "E o Senhor Deus lhe deu esta ordem: De toda a árvore do jardim comerás livremente, mas da árvore do conhecimento do bem e do mal dela não comerás; porque, no dia em que dela comeres, certamente morrerás" - Gênesis 2 : 16, 17.

Algumas pessoas questionam o porque de Deus ter colocado essa árvore no jardim pois, se isso não tivesse acontecido, então Adão não teria pecado e tudo seria uma bênção. Acontece que Deus não criou o homem como um robô, obrigado a obedecê-lo. Deus o criou livre para tomar suas próprias decisões e responder por elas. Essa árvore era a prova da obediência de Adão a Deus; a prova de que Adão escolheria obedecer a Deus por amor.

Obedecendo fielmente a Deus, Adão e Eva permaneceriam no jardim e estenderiam o domínio sobre toda a terra, conforme a vontade de Deus. O mesmo princípio é válido hoje, quem se submete a Deus em todas as áreas, andando de acordo com os princípios estabelecidos em Sua Palavra, terá aumento em sua vida e prosperará em todas elas.

Adão recebeu a ordem diretamente de Deus e posteriormente, após a criação da mulher, transmitiu essa mesma ordem à mulher. Cabia a Adão a responsabilidade maior de proteger o Éden. Como já afirmamos anteriormente, Satanás tinha ouvido a ordem de Deus a Adão, armou então uma estratégia para tirar de Adão o que Deus havia dado, mas em vez de ir direto em Adão ele articulou um plano para alcançar primeiro a mulher:

> "Mas a serpente, mais sagaz que todos os animais selváticos que o Senhor Deus havia feito, disse a mulher: É assim que Deus disse: Não comereis de toda árvore do jardim? Respondeu-lhe a mulher: Do fruto das árvores do jardim podemos comer, mas do fruto da árvore que está no meio do jardim, disse Deus: Dele não comereis, nem tocareis, para que não

> morrais. Então, a serpente disse à mulher: É certo que não morrereis. Porque Deus sabe que no dia em que dele comerdes, se vos abrirão os olhos e, como Deus, sereis conhecedores do bem e do mal" – Gênesis 3 : 1 a 5.

Primeiro o diabo escolheu um animal que pudesse servir melhor aos seus malignos propósitos. Ele não escolheu um animal qualquer, tinha que ser um especial que pudesse atender melhor ao que ele queria que seria o de enganar o homem e assim impedir o cumprimento do plano de Deus. A Bíblia nos diz que a serpente era o mais sagaz de todos os animais que Deus havia criado (Gênesis 2 : 1), e foi esse animal que Satanás escolheu para cumprir com seu objetivo. Esse é um alerta para termos cuidado com as pessoas na igreja que se julgam muito espertas, pois elas são um alvo fácil para Satanás. Depois, como ele sabia que Deus havia falado primeiramente com Adão, (observe a astúcia de Satanás), ele então foi falar com Eva pois esta havia recebido a orientação de Adão e não do Senhor Deus. Ele avaliou as probabilidades e concluiu que o melhor caminho seria este. Agora o que notamos neste triste acontecimento é que tanto Adão quanto Eva falharam em cuidar do que Deus havia lhes dado. Podemos aqui observar que, da parte de Adão, este deveria estar cuidando da sua mulher, prestando atenção ao que estava acontecendo alí no Éden e protegendo o jardim desta investida do diabo, mas ele nada fez para evitar isso. Adão devia estar cobrindo espiritualmente sua mulher, mas não o fez.

Da parte da mulher, esta deveria ter consultado Adão, seu marido a respeito do que a serpente estava lhe falando pois ela havia recebido uma orientação deste quanto a não comer do fruto proibido. No entanto, ela se deixou levar pela sedução (foi exatamente essa a forma que o diabo usou para enganar Eva), e acabou dando ouvidos a voz da serpente, desprezando a voz do marido e a voz de Deus, quebrando assim um princípio de submissão. Qual foi o resultado desse tipo de atitude?:

> "Vendo a mulher que a árvore era boa para se comer, agradável aos olhos e árvore desejável para dar entendimento, tomou-lhe do fruto, e comeu e deu também a seu marido, e ele comeu também" - Gênesis 3 : 6.

Eva se deixou seduzir pela conversa da serpente, comeu do fruto desobedecendo assim a ordem de Deus, através de seu marido, e depois este também comeu, sem fazer qualquer restrição. Não protegeram o que haviam recebido.

Quando o homem deixa a Palavra de Deus de lado e segue orientações contrárias a ela, ele está dando espaço para o diabo o enganar e, como consequência vai sofrer perdas. Note que Deus havia dito: "No dia que dela comeres, certamente morrereis". O que Satanás disse através da serpente? "Certamente não morrereis". Ele sempre vai tentar nos levar a agir contra a Palavra de Deus.

Qual foi o resultado da desobediência a Deus?:

> "O Senhor Deus, por isso, o lançou fora do jardim do Éden, a fim de lavrar a terra de que fora tomado" - Gênesis 3 : 23.

A consequência de Adão e Eva terem desobedecido a ordem de Deus foi que acabaram por sofrer perdas. A primeira perda que tiveram foi em suas vidas individuais: Adão teria dificuldades em conseguir o sustenta para a família e Eva teria dores ao dar a luz a seus filhos. A desobediência de Adão e Eva afetou toda a humanidade. Depois ambos perderam o direito de permanecer no Éden. A palavra Éden significa deleito ou lugar de delícias.

O que aconteceu no Éden nos traz o ensinamento de que existem três vozes no mundo e temos que decidir a qual voz dar ouvidos: à voz de Deus, à voz do homem ou à voz do diabo. Somente dando ouvidos e praticando à voz de Deus, que está registrada em Sua Palavra, é que vamos andar em vitória. Todas as vezes que deixarmos de ouvir a voz de Deus e darmos crédito à voz do homem (considerações humanas) ou à voz do diabo (tudo que é contrário à Palavra de Deus), nós vamos ter que arcar com as consequências da desobediência.

Da mesma forma que com Adão, Deus também espera que tenhamos responsabilidade em trabalhar e proteger cada uma das áreas de nossas vidas (nosso Éden), para evitar que soframos perdas, quer seja pela ação do inimigo, quer como consequência por não cuidarmos corretamente delas.

A partir do próximo capítulo, vamos fazer uma verificação de cada área de nossas vidas para ver se alguma ou algumas delas não estão penduradas por arame. Se você verificar que algo não está de acordo com o que Deus tem planejado para sua vida, tome uma atitude a fim de produzir mudanças que venham trazer paz e harmonia nessa (s) área (s).

Não espere que as coisas se resolvam com o passar do tempo.Se você não tomar nenhuma atitude, a tendência é piorar e as perdas serão maiores.

Capítulo 3

Vida espiritual amarrada com arame

*"Filho meu, atenta para as minhas palavras;
aos meus ensinamentos inclina os teus ouvidos.
Não os deixes apartar-se dos teus olhos; guarda-os
no mais íntimo do teu coração. Porque são vida
para quem os acha, e saúde, para o seu corpo"*

Provérbios 4 : 20 a 22.

A vida cristã só será bem sucedida, a medida que a vida espiritual estiver bem alinhada com Deus e com Sua Palavra. É a partir do espírito que as demais coisas vão se ajustando. É impossível alguém, que é salvo, mas que não tenha um bom relacionamento com Deus, ir bem em todas as demais áreas. Não estamos falando aqui em ir à igreja, frequentar cultos ou outras atividades eclesiásticas.

Relacionamento é diferente de religião. Existem pessoas que são bastante religiosas, fazem tudo por rotina e isso não é relacionamento. Relacionamento fala de intimidade, amor, fé, prazer em conhecer e ter comunhão com o Pai, o Filho e o Espírito Santo.

Relacionamento é de coração. Religiosidade fala de obras sem amor e sem fé.

Relacionamento é vida. A verdadeira vida cristã está no espírito e não na alma. A pessoa religiosa vive uma vida sem brilho, pois vive na esfera da alma.

Deus busca corações voltados para Ele e não para atividades, pois estas podem envolver a vontade do homem, mas não a vontade de Deus. Deus não está buscando obras em nós, mas o nosso coração antes de qualquer outra coisa que façamos em nome d´Ele:

> "Mas vem a hora e já chegou, em que os verdadeiros adoradores adorarão o Pai em espírito e verdade; porque são estes que o Pai procura para seus adoradores. Deus é Espírito; e importa que os seus adoradores o adorem em espírito e em verdade" - João 4 : 23, 24.

Em "espírito e verdade" fala em adoração de coração e não só com a boca e mãos. Um grande risco para a vida espiritual do cristão é que com o tempo ele se acostume com a forma do culto e o seu louvor se torna algo mecânico e as suas orações se limitem ao tempo no interior do templo, repetitivas e desprovidas de um coração que ame e adore a Deus. Este tipo de atitude vai afastar a pessoa da fé, esfriando no seu relacionamento com Deus, até que passa a fazer as coisas porque aprendeu e não mais como fruto desse relacionamento. Enfim, sua vida espiritual passa a estar amarrada com o arame da religiosidade. Assim como no caso do para-choque do automóvel, esse arame pode arrebentar se não houver uma mudança de atitude, que traga de volta essa pessoa ao relacionamento com Deus. Se não houver uma mudança, ela pode acabar se afastando da Sua presença.

Sobre isto o próprio Senhor Jesus, quando questionado a respeito do porque Ele e os seus discípulos não seguirem as tradições e costumes dos antigos, teve a seguinte atitude:

> "Respondeu-lhes: Bem profetizou Isaías a respeito de vós, hipócritas, como está escrito: Este povo honra-me com os lábios, mas o seu coração está longe de mim" - Marcos 7 : 6.

Muitos cristãos têm se afastado de Deus por não terem tomado uma posição de manter acesa a chama do seu relacionamento com Ele e cultivarem diariamente o amor em seus corações. As vezes por causa de decepções com irmãos ou até mesmo com líderes da igreja, alguns deixam que esses problemas contaminem sua vida espiritual e acabam por transferir para Deus essa dificuldade na igreja, trazendo prejuízo às suas próprias vidas.

Nunca permita que problemas com pessoas da igreja, seja com quer for, estrague seu relacionamento com Deus.

Do mesmo modo, quem atua no ministério da Palavra, tem que tomar muito cuidado para manter acesa a chama da sua comunhão com Deus, para receber continuamente alimento fresco para entregar à Igreja e não fazer desse ministério um hábito, uma rotina pelo tempo de prática no exercício da Palavra. Um grande perigo é a pessoa parar de depender do Espírito Santo na direção da mensagem e confiar no seu conhecimento ou experiência ministerial. Este tipo de atitude desagrada profundamente o coração de Deus, pois quem assim o faz, está tendo uma atitude irreverente pelas coisas santas. Independente do tempo em que a pessoa atua no ministério, ela deve sempre andar em temor diante do Senhor e nunca confiar na sua capacidade, conhecimento ou tempo de vida ministerial.

PREOCUPAÇÃO COM COISAS AFASTA O HOMEM DE DEUS

Estamos vivendo dias em que a preocupação com o bem estar, com o alcançar uma boa vida financeira, com o ter um bom emprego, estão tomando conta das mentes e dos corações das pessoas; com isso elas deixam de cultivar um bom relacionamento com Deus, que é a fonte de onde jorram as bênçãos para todas as demais áreas de nossas vidas:

> "Portanto, não vos inquieteis, dizendo: Que comeremos? Que beberemos? Ou: Com que nos vestiremos? Porque os gentios é que procuram todas estas coisas; pois vosso Pai celeste sabe que necessitais de todas elas; buscai, pois, em primeiro lugar, o seu reino e a sua justiça, e todas estas coisas vos serão acrescentadas" - Mateus 6 : 31 a 33.

O ensinamento de Jesus é que se buscarmos o reino de Deus em primeiro lugar, tudo o mais que necessitarmos será provido pelo Senhor. A inversão disso, ou seja, buscar primeiro as outras coisas, tem produzido estrago na vida de muitos cristãos que vão deixando de lado o seu relacionamento com Deus (que deveria ser sua prioridade de vida) e, no intuito de alcançarem os resultados desejados, podem entrar por caminhos contrários à Sua Palavra.

Se não buscarmos a Deus antes de tudo, teremos sérios problemas com as demais áreas de nossas vidas.

Buscar a Deus significa conhecê-lo.

Não existe outra forma de conhecer a Deus a não ser através de Sua palavra. Ele nos deixou a Bíblia Sagrada como o meio de chegarmos ao conhecimento de Sua pessoa. Aqui existe uma grande diferença entre conhecer a Bíblia e conhecer a Deus. O alvo do cristão não é conhecer a Bíblia, mas sim conhecer a Deus através da Bíblia. Ela é meio e não fim. Sobre isto o Senhor Jesus fez uma séria advertência aos judeus:

> "Examinais as Escrituras, porque julgais ter nelas a vida eterna, e são elas mesmas que testificam de mim. Contudo, não quereis vir a mim para terdes vida" - João 5 : 39, 40.

Observe que Jesus não estava dizendo que a vida eterna estava nas Escrituras. O que Ele estava fazendo era chamando a atenção dos judeus religiosos, que em vez de buscarem a vida, estavam preocupados em observar somente os preceitos da lei, sem um coração voltado para Deus. Por essa razão eles desprezavam a pessoa e os ensinos do Mestre.

As Escrituras não falam delas, elas nos revelam Deus nas pessoas do Pai, do Filho e do Espírito Santo.

A *Bíblia é um livro de revelação e não de conhecimento intelectual.*

Somente quem busca a Deus com um coração humilde e desejoso de conhecê-lo é que vai se deliciar com as revelações nela contida.

Deus fala ainda hoje através das Escrituras:

> "Visto como, na sabedoria de Deus, o mundo não o conheceu por sua própria sabedoria, aprouve a Deus salvar os que crêem pela loucura da pregação" - 1 Coríntios 1 : 21.

> "Ora, o homem natural não aceita as coisas do Espírito de Deus, porque lhe são loucura; e não pode entendê-las, porque elas se discernem espiritualmente" - 1 Coríntios 2 : 14.

Muitos dizem conhecer a Deus, mas o fazem com uma mente religiosa, desprovida de essência da verdadeira adoração que só vem por revelação. É o Espírito Santo quem revela as coisas de Deus para nós, a Igreja. Somente aqueles que buscarem o Senhor de coração vão ter acesso aos tesouros do conhecimento e da revelação de Deus:

> "Mas como está escrito: Nem olhos viram, nem ouvidos ouviram, nem jamais penetrou em coração humano, o que Deus tem preparado para aqueles que o amam. Mas Deus no-lo revelou pelo Espírito; porque o Espírito a todas as coisas perscruta, até mesmo as profundezas de Deus" – 1 Coríntios 2 : 9 e 10.

Somente o Espírito Santo pode revelar as coisas que estão por trás da letra impressa na Bíblia. É este o Espírito da revelação.

A pessoa que transformou sua vida cristã numa rotina, ainda que seja um líder de igreja, não vai ter acesso à beleza da revelação dos ensinos contidos na Palavra e vai levar uma vida árida como cristão, ou seja, sem frutos que glorifiquem a Deus.

Um caso muito claro na Bíblia sobre esse tipo de atitude foi a vida de Jó. Ele não era um homem espiritual, mas religioso. Na mente de Jó, tudo que havia conseguido na vida era fruto de sua justiça como homem reto e não pela bênção de Deus. Tanto que, por medo de perder as coisas que tinha conseguido, quando seus filhos saíam dos banquetes ele logo ia sacrificar para que Deus não os castigasse, se porventura eles tivessem pecado (Jó 1 : 5). A visão que Jó tinha de Deus era que: "Se ele fizesse tudo certo seria abençoado, mas se fizesse alguma coisa errada, então Deus o castigaria". Jó verdadeiramente não conhecia a Deus. Foi por essa razão que Satanás acusa Jó diante de Deus e este concede permissão para que tocasse nos seus bens, sua família e sua saúde. Jó passa então por um período de grande tribulação em sua vida, sofrendo com tudo que lhe havia acontecido, mas através dessa experiência, ele chega ao conhecimento de Deus, como ele mesmo afirma:

> "Eu te conhecia só de ouvir, mas agora os meus olhos te vêem. Por isso, me abomino e me arrependo no pó e na cinza" - Jó 42 : 5, 6.

Depois de chegar ao conhecimento de Deus, este lhe restitui em dobro tudo o que antes Jó tinha e nunca mais Satanás toca em sua vida.

Será que esta não é uma situação idêntica a que muitos cristãos têm vivido? Conhecem a Deus somente por informações que receberam, sem nunca terem em seus corações a revelação de quem Ele realmente é.

Sem a revelação de Deus, é impossível ter uma vida espiritual que produza resultados.

COMODISMO

Outro grande perigo é a acomodação com aquilo que recebeu de Deus após a conversão. Tem irmãos que eram "fogo puro", avivados, oravam com fervor, buscavam ao Senhor nos montes e nas vigílias da noite, não faltavam aos cultos e reuniões de oração, mas com o tempo se acomodaram e deixaram que a chama do ardor se esfriasse. O grande perigo do afastamento de Deus não está nos primeiros anos de convertido, mas depois, quando a pessoa já está um pouco mais crescida espiritualmente e acha que já não precisa se dedicar tanto como antes. Por isso a advertência do profeta:

> "Tenho ouvido, ó Senhor, as tuas declarações, e me sinto alarmado; ***aviva a tua obra, ó Senhor, no decorrer dos anos, e, no decurso dos anos, faze-a conhecida***" - Habacuque 3 : 2a.

Aviva Senhor a tua obra no decorrer dos anos. Em outra versão está escrito: "Aviva Senhor tua obra no meio dos anos". Habacuque sabia do perigo do esfriamento espiritual depois de se caminhar algum tempo com o Senhor.

Se este for o seu caso, ainda há tempo de restaurar, de trazer novamente aquela comunhão tão gostosa dos primeiros tempos de convertido.

Temos que buscar o Senhor de todo nosso coração, e então, vamos encontrá-lo. Isto significa, irmos conhecendo progressivamente quem Ele é e, crescendo continuamente na graça e no Seu conhecimento.

A religiosidade é uma coisa muito chata de se viver, pois é uma vida em que tudo é feito por rotina e não por amor. Tudo que não envolve amor, não produz alegria e a pessoa acaba fazendo as coisas por obrigação. A verdadeira beleza de tudo que se faz na vida está no amor.

Deus se agradou da sua criação, de tudo que Ele havia feito, porque o fez com amor.

Como está seu relacionamento espiritual com Deus? Se não estiver bem firmado, significa que pode estar preso por arame.

Então é tempo de consertar isso, e buscá-lo de todo seu coração, quebrando todo espírito de religiosidade e cultivar uma vida de amor e fé a fim de agradá-lo. Se você reconhece que necessita da presença de Deus ou que tem esfriado em seu relacionamento com Ele e deseja de todo coração voltar ao primeiro amor, então faça a oração abaixo.

Oração de consagração de sua vida ao Senhor:

"Pai eu venho a ti em nome de Jesus. Te peço perdão porque não tenho dado a devida atenção ao Senhor, deixando de lado a prioridade mais importante da minha vida, que é a de buscar a ti antes de todas as coisas. Pai, que teu Santo Espírito me encha agora e restaure em mim a comunhão que tinha contigo nos primeiros dias em que te conheci.

Renova-me Senhor, pois preciso ardentemente de ti. Não posso viver sem tua presença, quero desfrutar da tua companhia e do teu grande amor. Humildemente te peço, e de todo coração eu oro a ti em nome do Senhor Jesus Cristo".

Atenção

Se você puder neste momento, tenha um tempo buscando ao Senhor de coração e deixe-o ministrar em sua vida e trabalhar em seu coração. Se isso não for possível, então assim que você puder, separe um tempo para estar com Ele e repita esta oração.

Que Deus o abençoe grandemente: você acabou de tirar o arame que estava segurando sua vida espiritual firmando-a na rocha que é Jesus.

Capítulo 4

Vida familiar amarrada com arame

"Mas, se alguém não cuida dos seus, e principalmente dos da sua família, negou a fé, e é pior que o incrédulo"

1 Timóteo 5 : 8.

Este é um outro assunto que merece muita atenção, pois temos observado nestes últimos anos uma deterioração na qualidade do relacionamento conjugal. Como em todos os aspectos da vida cristã, no relacionamento familiar, se o casal não tomar uma atitude em relação às situações que não estão boas dentro do lar, esperando que com o passar do tempo as coisas se resolvam por si só, o que vai acontecer é que elas vão piorar. Por esta razão encontramos casais infelizes com a sua vida conjugal, cujos relacionamentos estão amarradas com arames e quase a ponto de se romper. Outros vão trocando os arames ao longo do tempo, sem contudo resolver os seus problemas e fazendo assim que o relacionamento se torne algo apenas suportável, mas não agradável e que traga verdadeira alegria no lar.

Deus não instituiu o casamento para ser suportável, mas para produzir alegria, companheirismo, felicidade. Os lares dos cristãos devem servir de exemplo para o mundo como prova de que, andando de acordo com a Palavra de Deus é possível ser feliz no casamento.

O que está acontecendo é a falta de interesse em resolver as dificuldades inerentes à vida familiar e investir tempo e esforço na solução das mesmas. Existem lares em que seus membros vão deixando o tempo passar sem tomar atitudes para mudar a situação, ou, como no caso do parachoque do carro, vão amarrando com arame. O que acaba acontecendo, infelizmente, é que o arame enferruja e quebra, o que significa divórcio. Nunca foi a vontade de Deus que os casais se divorciassem, mas que permanecessem casados "*até que a morte os separe*". Por causa do endurecimento do coração dos homens, temos visto a falta de compromisso com relação ao casamento, entrando nos lares e produzindo tristemente a quebra dos relacionamentos, inclusive no meio daqueles que deveriam ser um exemplo para o mundo, no caso, os líderes da igrejas.

Vamos ver o padrão bíblico para o lar. Conquanto este não seja um livro sobre relacionamento conjugal, vamos fazer uma síntese sobre o mesmo. Uma vez conhecido o padrão, poderemos avaliar em que ponto nos encontramos e que providências precisaremos tomar para corrigir as divergências, a fim de preservamos a integridade e felicidade no lar.

A hierarquia no lar

Deus em sua Palavra estabeleceu hierarquias na terra para que as coisas funcionassem de maneira organizada de forma a contribuir para o bem daqueles que se submetem a ela. Com relação ao lar, Ele também estabeleceu funções para o marido, esposa e filhos, visando o bem estar da família.

Diante de Deus não há diferença entre homem e mulher, contudo, na terra, essas diferenças existem não para se estabelecer graus de importância dentro do lar, mas para que pudesse haver ordem, visando o seu bom funcionamento. Para isso

Deus dotou o homem e a mulher de estruturas tanto físicas, como emocionais diferentes.

Diante d´Ele não há superior e inferior, maior ou menor, mas sim funções diferenciadas:

> "Porque o marido é o cabeça da mulher, como também Cristo é o cabeça da igreja, sendo este mesmo o salvador do corpo. Como, porém, a igreja está sujeita a Cristo, assim também as mulheres sejam em tudo submissas ao seu marido" - Efésios 5 : 23, 24.

> "Filhos, obedecei a vossos pais no Senhor, pois isto é justo. Honra a teu pai e tua mãe (que é o primeiro mandamento com promessa), para que te vá bem, e sejas de longa vida sobre a terra" - Efésios 6 : 1 a 3.

Temos aí a constituição da família segundo o plano de Deus para o lar. Resumindo os versículos que foram apresentados, podemos então descrever assim:

Maridos = Cabeças, responsáveis pelo bom andamento do lar

Mulheres = Submissas aos seus maridos, ajudadoras fiéis

Filhos = Obedientes aos pais

Mais a frente vamos detalhar as funções de cada membro da família, até porque, esses conceitos têm sido mal interpretados e precisamos dar o sentido correto segundo a Palavra de Deus.

Quando olhamos para o padrão dos lares, veremos que nem sempre esta ordem está sendo obedecida, o que acaba gerando dificuldades de relacionamento entre marido e mulher. A quebra dos princípios estabelecidos por Deus pode produzir prejuízos muito grandes não só na vida de um casal, como também atingir a vida de outras pessoas que gravitam ao seu redor.

Como já foi exposto anteriormente, pudemos ver a quebra desses princípios logo no início da criação da humanidade com o primeiro casal: Adão e Eva. Infelizmente, ainda hoje observamos que em alguns lares, estes princípios também têm sido deturpados pelo fato dos membros da família não assumirem seus papéis no lar.

Vamos a seguir falar um pouco mais sobre as funções de cada membro da família.

O MARIDO COMO CABEÇA

Ser cabeça é antes de tudo uma função de extrema responsabilidade para com os assuntos do lar. Alguns confundem autoridade com autoritarismo. Deus colocou o marido na posição de autoridade sobre esposa e filhos não para oprimi-los aproveitando-se de sua posição, mas para transmitir segurança à família através de suas atitudes e forma de lidar com as diferentes situações, que envolvem a vida no lar como finanças, criação de filhos etc...

Antes de ser uma posição de privilégio o ser cabeça no lar é uma posição de responsabilidade e exemplo para os filhos.

Quando olhamos para o que a Bíblia nos mostra sobre autoridade, nós sempre encontramos que o propósito de Deus é que estes sejam um exemplo de servo, assim como Jesus foi. Infelizmente, esse sentido tem sido deturpado, até mesmo dentro da liderança das igrejas em que alguns acham que ser autoridade é mandar, é impor suas vontades sobre o povo. Da mesma forma, ser cabeça no lar não é o marido exigir obediência da esposa e filhos e impor o que ele quer, usando como argumento a força da autoridade, mas ter uma visão de que a maneira como ele vai conduzir os assuntos dentro do lar é que vai determinar a harmonia e felicidade deste mesmo lar.

Tenho visto maridos que fogem de suas responsabilidades com relação à sua esposa e filhos, não dando a atenção necessária, nem investindo tempo para com estes. A preocupação com o trabalho, inclusive ministerial, acaba ocupando o tempo e o espaço que deveriam ser reservados para a vida com a família. Consequentemente os resultados não poderiam ser outros: esposas infelizes e filhos sem direção de vida.

O que a Palavra de Deus nos ensina quanto ao papel de marido:

> "Maridos, amai vossa mulher, como também Cristo amou a igreja, e a si mesmo se entregou por ela" - Efésios 5 : 25.

Você marido, quanto de amor, atenção, carinho tem dedicado à sua esposa? Que tipo de relacionamento você tem construído ao longo do tempo que você tem de casado? Quando o marido deixa de dar amor à sua esposa, ele está produzindo uma carência no coração dela que não pode ser preenchida de outra forma.

Algo que precisamos entender é que existe uma grande diferença entre a constituição do homem e da mulher. O homem é mais razão, mais lógica e a mulher mais sensibilidade, ou seja, ela é mais dirigida pelas emoções. Portanto, a forma como o homem e a mulher reagem diante das circunstâncias que os cercam são diferentes. Quando a Palavra de Deus nos fala sobre a fragilidade da mulher, não está falando de debilidade ou fraqueza, mas de sensibilidade. A mulher é mais emoção, tem uma necessidade muito grande de se sentir amada e querida pelo marido. Quando o marido falta com sua parte em satisfazer essa necessidade da sua esposa, esta vai se tornando infeliz no relacionamento conjugal, podendo inclusive com isso, vir a contrair enfermidades, pois a parte emocional afetada, vai acabar por atingir também o físico da mulher.

Quando o marido ama sua esposa, vai fazer de tudo para que ela seja feliz, vai se preocupar em agradá-la e tomará atitudes visando o seu bem estar. Como cabeça, vai transmitir segurança nas decisões que precisam ser tomadas, transmitindo assim segurança quanto aos assuntos domésticos. É triste ver que alguns maridos cristãos, estão fugindo de suas responsabilidades e deixando as decisões nas mãos de suas esposas.

A MULHER EM SUBMISSÃO

Ser submissa é estar sob (sub) a missão que Deus tem para a família. Esse termo vem sendo tratado de forma pejorativa como se a mulher submissa estivesse numa posição de inferioridade em relação ao marido. Isso não é correto. A mulher tem uma importância muito grande na vida do marido e dos filhos.

Ser submissa é uma virtude a ser cultivada, pois o próprio Jesus em tudo se submeteu ao Pai. Da mesma forma, é uma grande bênção quando a Igreja se submete a Cristo, pois ela entra num relacionamento onde vai ter do Senhor a proteção, provisão, enfim, o suprimento de todas as suas necessidades em abundância. Da mesma forma, a esposa que entende a bênção da submissão ao seu marido, está se colocando diante de Deus na posição para a qual foi criada e, consequentemente terá sobre sua vida todo o cuidado e proteção de Deus.

O entendimento do seu papel no lar, muito pode contribuir para o seu correto posicionamento dentro dos princípios da Palavra e, dessa forma trazer as bênçãos de Deus sobre sua família. Ao contrário, a rebeldia da mulher em relação a liderança do marido, traz maldições e prejudica o bom andamento dos assuntos relacionados ao lar.

Você mulher tem sido uma bênção na vida do seu marido e filhos ou tem sido um impedimento ao mover de Deus? Tem procurado viver uma vida digna e correta?

> "A mulher sábia edifica a sua casa, mas a insensata, com as próprias mãos a derriba" - Provérbios 14 : 1.

A função primeira da mulher casada é para com as coisas do lar.

Tenho visto mulheres que tem deixado de lado este papel tão importante e fundamental da vida do lar, enfiando-se dentro da igreja, participando de todo tipo de atividade e deixando de lado sua função de esposa e mãe. Não estou dizendo que a mulher não deva participar dos trabalhos da igreja. O que ela deve é conciliar de tal forma que não deixe seu lar descoberto. A mulher virtuosa de Provérbios 31 coordena e organiza tudo tão bem, que ela tem tempo para tudo.

Uma das razões que tem afetado a estrutura dos lares, incluindo aí os lares dos filhos de Deus, é que a mulher tem assumido cada vez mais atividades fora do lar, deixando com isso de cumprir com o propósito para o qual Deus a criou: Ser uma ajudadora idônea. Isso não quer dizer uma posição inferior, mas que o homem precisa da mulher para cumprir com a missão que Ele tem para o lar.

Ser ajudadora é estar ao lado, junto e não em posição contrária.

FILHOS OBEDIENTES A PAI E MÃE

Também nesta área estamos vendo um descaso muito grande em relação à criação dos filhos.O primeiro exercício de autoridade que eles vão ter é no lar. Se eles não aprenderem a obedecer pai e mãe, como vão obedecer às demais autoridades? No noticiário dos jornais e televisão temos visto a agressão de alunos aos professores, de filhos aos pais, de jovens que desacatam as autoridades constituídas; de onde vem esse tipo de comportamento? Da falta de educação dentro do lar, do não acompanhamento das amizades dos filhos, do não estabelecimento de regras dentro do lar, enfim da falta de atitudes em relação a boa educação dos filhos; ficam amarrando essa situação com arames, satisfazendo as vontades dos filhos para não terem trabalho. No dia que o arame se quebrar, virá então o tempo de sofrimento pela ausência de atitudes corretas para a formação do caráter e integridade moral dentro dos parâmetros que Deus estabeleceu para a felicidade do lar no que tange a educação dos filhos.

Casais cristãos que tem a direção da Palavra de Deus para criar filhos dentro dos princípios corretos, tem negligenciado a função paterna e materna, deixando seus filhos entregues à sua própria vontade:

> "Herança do Senhor são os filhos; o fruto do ventre, seu galardão" - Salmos 127 : 3

Os filhos são herança do Senhor e não dos pais. Isto quer dizer que eles devem ser criados para Deus, o que implica numa grande responsabilidade. Por que muitos filhos de cristãos se desviam quando atingem a juventude? Porque houve negligência na educação nos primeiros anos de vida. Alguns pais que não cumpriram com sua função na educação dos seus filhos quando eles ainda eram crianças, quando estes cresceram e não permaneceram no caminho do Senhor, ouvimos estes dizerem: "Meu filho agora é maior de idade e as decisões agora são de responsabilidade dele. Eu agora não posso fazer nada". É verdade, a idade apropriada para se educar é em criança. A Palavra de Deus diz para ensinarmos a criança no caminho em que deve andar e não o adolescente ou jovem. Isto quer dizer que o ensino e disciplina deve ocorrer nos primeiros anos da vida da criança, quando são colocados os valores cristãos, ou seja, o caminho que a criança deve seguir quando crescer. Após esse tempo vem a colheita do que foi semeado na vida dos filhos:

> "Corrige o teu filho, e te dará descanso, dará delícias à tua alma" - Provérbios 29 : 17.

Não se pode pedir obediência a filhos que não foram ensinados a respeitar as autoridades, principalmente a do pai e da mãe.

Se você não educou corretamente seu filho, ainda há tempo de reconhecer seu erro, arrepender-se e pedir perdão a Deus, colocando-se em Sua presença, em favor dele.

EGOISMO

Um outro fator que tem afetado profundamente o relacionamento conjugal e trazido muitos problemas, quebrando a unidade da família, é o egoísmo. É quando o marido e mulher colocam suas vontades pessoais acima do bem estar da família. Temos que entender que o "nós" é muito maior e mais importante do que o "eu".

No casamento, vamos ter que aprender a abrir mão de nossas vontades individuais em favor do coletivo que é a família. E para se alcançar um bom resultado a nível de saúde familiar, isso vai exigir tempo e renúncia da nossa individualidade.

No mundo as pessoas se casam para cada um ser feliz. No Reino de Deus não deve ser assim, mas cada um buscando a felicidade do outro, fazer o que vai agradar ao outro. Como vivemos num mundo egoísta em que cada um está preocupado com suas próprias coisas, este tipo de atitude também está entrando nos lares. Como nossa cultura também é a do descartável, como copos descartáveis, pratos descartáveis, talheres descartáveis, também os casamentos se tornam descartáveis por causa do egoísmo. Uma vez que você não está me satisfazendo nem me agradando como eu gostaria que você fizesse, vou procurar outra pessoa que me agrade.

O casamento não está dando certo, você não está feliz, arrume outra pessoa que te faça feliz. Cada um está preocupado em encontrar sua própria felicidade, ainda que isso torne a vida dos outros infeliz. Não está certo. É puro egoísmo quando a pessoa se coloca como o centro e tudo tem que funcionar como ela quer. Esse é o pensamento do mundo, mas não a vontade de Deus.

Para nós cristãos, as atitudes tem que ser diferentes.

Jesus nos ensinou que quem não nega a si mesmo, ou seja, sua própria vontade, não tem condições de ser Seu discípulo. Isso diz respeito a todas as áreas, incluída aí, a familiar. O que vou falar pode chocar alguns, mas não vou me omitir. É uma vergonha a vida de certos líderes, que por carnalidade tenham largado suas mulheres trocando-as por outras (geralmente mais novas e mais magras), e ainda continuem utilizando os púlpitos das igrejas. Ouvi histórias tristes de líderes, que orientaram seus membros cujos casamentos não estavam indo bem que abandonassem seus cônjuges e arrumassem outros.

Estamos vivendo num mundo em que as pessoas querem soluções rápidas e não tem a disposição de investir tempo trabalhando naquilo que necessita de tempo e paciência para alcançar resultado satisfatório. Por isso o casamento está passando por crise. Um casamento para ser bem sucedido, vai exigir tempo e dedicação de ambos os cônjuges para consertar os aspectos que não estão funcionando bem. Quem não tiver a disposição de lutar pelo seu lar, poderá entrar numa situação em que o casamento se torne apenas suportável (e esta não é a vontade de Deus), ou partir para uma solução segundo os padrões do mundo, mas não de Deus, e se divorciar.

O leitor me desculpe, mas deixar de lutar para que o casamento saia de uma situação ruim para uma satisfatória e buscar no divórcio a saída, é uma atitude covarde de alguém que não quer se esforçar para manter seu casamento e busca em outra pessoa preencher o que não tem conseguido em seu lar. Sobre este assunto escrevi um livro intitulado: "Divórcio – na contramão do casamento", que aborda bem este tema.

Enfim, sair fora do casamento porque este não está atendendo suas expectativas é uma atitude de puro egoísmo em que a pessoa está ignorando a situação dos demais membros da família, que irão sofrer com a dissolvição dessa união: o cônjuge e os filhos que nasceram dessa união.

Eu não conheço nenhum filho que queira trocar de pai ou de mãe. A quebra do vínculo conjugal através do divórcio afeta profundamente os sentimentos dos filhos do casal.

O casamento, é a negação do individualismo, o eu, em favor do coletivo, a família.

Quem tem este tipo de atitude, encontrará o favor de Deus para a solução dos problemas que todo casal enfrenta na construção do seu lar, e terá a Sua bênção para prosseguirem juntos e alcançarem vitória.

> "O amor é paciente, é benigno; o amor não arde em ciúmes, não se ufana, não se ensoberbece, não se conduz inconvenientemente, não procura os seus interesses, não se exaspera, não se ressente do mal; não se alegra com a injustiça, mas regozija-se com a verdade; tudo sofre, tudo crê, tudo espera, tudo suporta" - 1 Coríntios 13 : 4 a 7

Clima e harmonia no lar

O ambiente familiar saudável é medido pelo prazer que as pessoas, que compõem a família, têm de estar em sua casa. Se o filho tem mais prazer em ficar na casa de amigos, é sinal que alguma coisa não anda bem na vida do lar. Se o marido ou a esposa estão sempre arrumando motivos para estar fora de casa, isso é um péssimo sinal de convivência familiar. Alguma coisa não está funcionando na vida familiar e o estar sempre fora do lar pode evitar conflitos e situações que eles têm que tratar, mas não tomam atitudes para isso. O estar sempre com atividades fora de casa é o "jeitinho" que se dá para fugir da responsabilidade de ter que agir para consertar o que não está indo bem na vida do lar. Ficam amarrando com arames a vida familiar.

Num lar onde o relacionamento é bom, as pessoas que compõem a família vão querer estar em casa. Terão prazer e alegria em estar em casa e desfrutar da convivência de uns para com os outros. A sua casa tem um cheiro que nenhuma outra tem, nem um hotel de cinco estrelas, com todo luxo, tem o doce e suave aroma de uma lar harmonioso e bem ajustado:

> "Bem-aventurado aquele que teme ao Senhor e anda nos seus caminhos! Do trabalho de tuas mãos comerás, feliz serás, e tudo te irá bem. Tua esposa, no interior da tua casa, será como a videira frutífera; teus filhos, como rebentos da oliveira, à roda da tua mesa. Eis como será abençoado o homem que teme ao Senhor!" - Salmos 128 : 1 a 4.

Que cheiro tem o seu lar?

Um fator muito importante para o clima e harmonia no lar é a comunicação interpessoal. A maneira como a família se comunica vai determinar o sucesso ou fracasso no lar.

Marido e esposa, pais e filhos devem cultivar uma boa comunicação entre si visando a saúde e felicidade no lar:

> "A morte e a vida estão no poder da língua, o que bem a utiliza come do seu fruto" - Provérbios 18 : 21.

Tem casais que não se comunicam corretamente, pois ambos não separam tempo para conversar. Tem tempo para tantas outras coisas, mas não para cuidar do seu relacionamento. Pais que não tem tempo para seus filhos. Até na igreja encontramos líderes que têm tempo para a esposa e filhos dos outros, mas nãos para os seus.

O lar em que a comunicação é deficiente, não tem como resolver suas dificuldades e nem tratar de assuntos que precisam ser resolvidos. O que acaba acontecendo, cada um vai deixando para lá (amarrando os problemas com arames), e isso vai trazendo enfermidade para o lar. Um lar sem saúde conjugal, é um lar doente.

Deus instituiu o casamento para que este suprisse a família em todas as necessidades: emocionais, sentimentais, físicas, financeiras, etc... Tudo o que Deus fez é bom, logo o casamento dentro dos princípios de Deus também é bom. O problema é que as pessoas querem andar segundo suas próprias vontades, desprezam os ensinamentos que estão contidos na Palavra de Deus e ainda assim, querem ser bem sucedidos. Não há como. O mundo diz que é impossível alguém ser feliz em um casamento de muitos anos, porque vira rotina, perde a alegria, fica monótono e outras afirmações que só denigrem a estabilidade do casamento. Como cristãos, temos que mostrar ao mundo que é possível ser feliz sim num casamento de longa duração e que a verdadeira felicidade não está fora do homem, mas dentro dele, quando se ama a Deus de todo coração e se submete à Sua Palavra.

Se o seu casamento está pendurado com arame, ainda é tempo de tomar atitudes que venham a trazer solução para os problemas que possa estar enfrentando e trazer de volta os valores que foram se perdendo ao longo do tempo. Se você quer de coração restaurar seu casamento e trazê-lo de volta aos princípios descritos nas Escrituras, faça então a oração abaixo:

ORAÇÃO DOS CÔNJUGES PARA RESTAURAÇÃO DOS VALORES DO CASAMENTO:

"Pai, eu estou passando por dificuldades no meu casamento e reconheço que não tenho tomado atitudes para mudar situações que podem estar trazendo problemas e dificuldades no meu lar. Por isso, venho a ti com um coração arrependido para pedir perdão por minhas falhas ou até mesmo por não ter tomado atitudes para resolver problemas com meu cônjuge e filhos, e que acabaram por contribuir para que estes se estabelecessem em minha família.

Peço a tua ajuda para mudar e de hoje em diante, me comprometo a trabalhar para a felicidade da minha família. No que depender de mim, a minha família será uma bênção. Sei que posso contar contigo, pois tu criaste o casamento e quer que todos sejam felizes.

Muito obrigado Pai porque sei que minha oração foi ouvida e que o Senhor irá me ajudar na solução dos problemas de minha casa. Desde já te agradeço pelas bênçãos que já estão sendo preparadas para mim e para minha família, em nome de Jesus". Amém.

ORAÇÃO DOS FILHOS PARA UM POSICIONAMENTO CORRETO NO LAR:

"Senhor meu Deus, eu venho a ti em nome de Jesus pedir perdão por não estar sendo um filho segundo o padrão que o Senhor tem estabelecido em tua Palavra. Mas, a partir deste dia, peço a tua ajuda para ser o filho (a) que o Senhor planejou que eu fosse em minha casa.

De minha parte vou me esforçar para cumprir com as orientações do Senhor e ser fiel e cumpridor dos meus deveres, sendo obediente aos meus pais, na certeza de que assim fazendo prolongarei meus dias sobre a terra e minha vida será bem sucedida.

Muito obrigado meu Deus porque sei que com esta sincera oração posso contar com tua proteção e cuidado, que minha vida está sendo protegida pelo Senhor e que prosperarei por causa da tua bênção sobre mim.

Te agradeço em nome de Jesus". Amém.

Capítulo 5

Vida financeira amarrada com arame

"Não cesses de falar no Livro da Lei; antes, medita nele dia e noite, para que tenhas cuidado de fazer segundo tudo quanto nele está escrito; então farás prosperar o teu caminho e serás bem sucedido"

Josué 1 : 8.

Aqui está uma das áreas em que mais tenho encontrado cristãos cujas vidas financeiras estão amarradas com arames. Por não seguirem os princípios de Deus para a vida financeira, acabam indo atrás de jeitinhos que não só não resolvem os problemas que os afligem, como acabam por aumentá-los.

Deus quer abençoar seu povo e vê-lo prosperar em tudo, mas para que Ele possa fazer isso, temos que estar alinhados com os princípios que Ele estabeleceu em sua Palavra. Quando andamos por fé e praticamos tudo o que a Bíblia diz, então as bênçãos virão.

Uma coisa que precisamos entender é que as bênçãos sempre correm mais que nós:

> "Se ouvires a voz do Senhor teu Deus, virão sobre ti e te alcançarão todas estas bênçãos" - Deuteronômio 28 : 2.

Observe que são as bênçãos que alcançarão quem obedece a Deus e não o contrário. O que é melhor: você correr atrás das bênçãos, ou as bênçãos correrem atrás de você?

Quem anda correndo atrás das bênçãos vai ficar cansado e nunca vai alcançá-las. Esta é a razão porque encontramos irmãos desanimados por não alcançarem resultados em sua área financeira. O que acontece com quem quer prosperar, progredir e não está alcançando resultados? Ficam dando "jeitinhos", ou seja, amarrando a vida financeira com arames. Que atitude muitos acabam tomando quando não tem os recursos suficientes para prover as suas necessidades ou realizar os seus desejos? Se a pessoa não esperar em Deus e não andar dentro dos princípios de Sua Palavra, ela fará o que muitos acabam fazendo: "aquilo que está trazendo tremendas dores de cabeça a muita gente" e que veremos a seguir.

Dívidas

Aqui cabe uma séria observação: Cuidado com os discursos exarcebados, cuja ênfase do sucesso na vida cristã está naquilo que você tem e não em quem você é em Cristo Jesus. Tenho ouvido discursos maravilhosos sobre como Deus quer ver você rico, cheio de dinheiro, com o melhor carro, a melhor casa, como se isso fosse o verdadeiro sentido da prosperidade. Nada mais falso. É claro que Deus quer ver Seu povo abençoado, mas o que estão fazendo em algumas igrejas com relação à prosperidade foge completamente ao que diz a Palavra de Deus. O que este tipo de mensagem acaba produzindo? Vai fazer com que pessoas, em sua ingenuidade e falta de conhecimento do funcionamento do Reino de Deus, entrem em dívidas para poder mostrar aos outros "sua prosperidade".

É triste ver irmãos, que para poderem dar testemunho, que eu particularmente chamaria de "tristemunho", compram o que não podem pagar para mostrar aquilo que não são. Compram, por exemplo, um carro novo em sessenta parcelas com uma prestação altíssima que compromete seu salário, e depois vão à frente da igreja dar seu "tristemunho" de como Deus as abençoou - às vezes até incentivados por sua liderança, para mostrar à igreja como seus membros estão prosperando. Só que depois, vivem com dificuldades de pagar suas contas, ficam devendo em vários lugares: lojas, bancos, cheques especiais, cartões de crédito; mas estão lá com " sua prosperidade" para cima e para baixo a fim de mostrar aos irmãos quão prósperos são. Quanto engano por trás disso!

A prosperidade de um cristão não é medida pela quantidade de bens e dinheiro que ele possui, mas, primeiramente, pelo grau de satisfação que ele tem com o que já possui. Eu conheço cristãos que, segundo o padrão do mundo de se medir a prosperidade de alguém, não poderiam ser enquadrados como prósperos, mas que, embora tendo pouco em relação a esse padrão, estão muito felizes com o que já conquistaram, pois reconhecem as mãos do Senhor, provendo e abençoando suas vidas em todos os aspectos. Eles não estão se comparando com aqueles que têm muitos bens, mas quando olham para trás e vêem de onde vieram e o que o Senhor já fez em suas vidas, têm um coração grato a Ele e o louvam todos os dias. É a partir desse tipo de atitude que Deus vai acrescentando mais e mais ao que a pessoa já tem.

Existem pessoas que possuem muitos bens, mas são infelizes embora tenham uma condição financeira maravilhosa. O fato dessas pessoas terem muitos bens indica que são prósperas? Certamente que não, pelo contrário, são miseráveis quanto à sua forma de viver. Quem possui muito e não é feliz não é próspero, mas miserável. Miséria não é a ausência de dinheiro, mas a ausência de paz e felicidade.

A palavra de Deus diz que:

> "A bênção do Senhor enriquece, e, com ela, ele não traz desgosto" - Provérbios 10 : 22.

Quando a bênção vem de Deus, ela não traz junto o desgosto, é o que nos diz o versículo. Ela não vem para atormentá-lo com angústia por causa das dívidas acumuladas e dificuldades de pagamento. Não. Essa "bênção" certamente não vem de Deus. Vem então de onde? Da imprudência e falta de conhecimento dos princípios da Palavra. Me entristece muito ver certos pregadores, cuja ênfase está no ter, levarem seus membros a se enfiarem em dívidas em nome da fé. Isso não é fé, é tolice. A fé tem que estar colocada em cima da Palavra de Deus e não da palavra do pregador.

Quem faz do endividamento um princípio para conseguir coisas na vida, está entrando dentro de um sistema muito perigoso e que tem trazido muitos transtornos na saúde financeira de muita gente. Lares tem sido destruídos por causa de dívidas; inclusive, por causa da preocupação com as dívidas, pessoas chegam a ficar enfermas.

Dívida não é o sistema de Deus para a prosperidade.

Comprar a prazo coisas que a pessoa pode pagar é uma coisa, agora sair comprando o que não pode pagar com tranquilidade só para mostrar que conseguiu comprar, é falta de juízo e imaturidade espiritual.

Decididamente não é isto que o Senhor quer para a vida de seus servos. Ele tem vida abundante para dar a todos os que crêem em Sua Palavra e a obedecem, sem que isso cause qualquer tipo de constrangimento.

Vejamos os princípios divinos para que tenhamos vida abundante.

Dízimo

Não pode haver prosperidade de Deus na vida de quem não é fiel nos dízimos e nas ofertas. Dízimo é dez por cento da renda que a pessoa recebe. Não entre nessa de promoção de dízimo, como já ouvimos falar de uma igreja que fez promoção de dízimo em que os fiéis que frequentassem aquela igreja dariam somente cinco por cento em vez dos dez por cento. Não dê ouvidos a esse tipo de mensagem, ainda que ela parta de um pastor, pois contraria frontalmente a Bíblia.

Vamos primeiro analisar o que a Palavra de Deus nos revela sobre o dízimo. Se não tivermos a revelação, vamos acabar fazendo por religiosidade, por obrigação, e isto não agrada a Deus. Ao entendermos o porque de Deus ter estabelecido o dízimo, certamente isso fará diferença em nossas vidas e teremos alegria em fazê-lo, por entendermos que existe uma proteção de Deus por trás desse ato:

> "E se forem santas as primícias da massa, igualmente o será a sua totalidade; se for santa a raiz, também os ramos o serão" - Romanos 11 : 16.

A primeira coisa que temos que entender é que o dízimo é a primeira parte que separamos quando recebemos nossos rendimentos. Tem irmãos que primeiro pagam suas contas e depois, se sobrar, então dão o dízimo. Isso não está correto e só vai trazer problemas na área financeira de quem age desse modo.

O princípio do Reino de Deus é dar e receber. Nunca foi o propósito de Deus que as pessoas negociassem. Quando Deus criou Adão e lhe deu a incumbência de administrar a terra, Ele estava focando a distribuição da mesma entre as pessoas e que elas aprendessem a repartir de suas coisas com os outros. Deus deu a terra e tudo o que Adão necessitava para viver sobre ela. Deus não vendeu; Ele a deu e esperava que este princípio fosse sendo seguido pelo homem e pela sua descendência.

Não foi Deus quem criou o dinheiro. Ele não existia no Éden. Depois da queda foi que o egoísmo entrou no coração do homem e este passou a querer ter posse para si e a negociar o que pudesse obter. O princípio de comprar e vender é satânico, pois vemos em Ezequiel 28 : 16, que Lúcifer (o nome de Satanás antes da queda), foi quem usou sua astúcia para negociar e implantar seu sistema maligno de forma que um exercesse domínio sobre o outro. Quem influenciou o sistema de compra e venda através da moeda de troca ou seja, dinheiro, foi portanto o diabo.

Para quebrar esse princípio maligno, foi que Deus instituiu então o dízimo. O dízimo é para proteger o dinheiro e os bens dos cristãos dessa ação diabólica e não para trazer dificuldades em suas vidas. O diabo tem tido vantagem neste aspecto, levando alguns a acharem que dando dez por cento de sua renda, vão ter perdas e não vão conseguir pagar suas contas, nem conseguir prosperar em suas vidas. Isto é uma mentira do diabo para enganar os salvos. Deus não quer o seu dinheiro, ele quer é protegê-lo dos ataques do devorador:

> "Trazei todos os dízimos à casa do Tesouro, para que haja mantimento na minha casa, e provai-me nisto, diz o Senhor dos Exércitos, se eu não vos abrir as

> janelas do céu e não derramar sobre vós bênção sem medida. Por vossa causa repreenderei o devorador, para que não vos consuma o fruto da terra; a vossa vide no campo não será estéril, diz o Senhor dos Exércitos" - Malaquias 3 : 10 e 11.

Quem está falando estas palavras é o Senhor dos Exércitos. Ele diz que vai repreender o devorador na vida daqueles que são fiéis nos dízimos. O devorador é uma casta demoníaca, da qual nos fala o profeta Joel quando trata em livro sobre as quatro categorias de gafanhotos – cortador, migrador, devorador e destruidor – referindo-se a quatro tipos de ação demoníaca no meio do povo de Israel, os quais vão roubando as finanças e produzindo prejuízos nas vidas e nos lares do povo de Deus. Note que o versículo diz que o devorador pode consumir o produto da terra que é o fruto (rendimentos) do trabalho do salvo. Ele não só rouba o dinheiro (você já ouviu alguém dizer que o dinheiro que recebe não dá para nada?), como também vai levando a pessoa a gastar dinheiro com coisas que quebram dentro de casa, enfermidades etc... Esta é também uma forma de roubo. Homem algum tem poder de repreender essa casta de demônios; somente Deus é quem tem autoridade sobre eles, e Ele o faz quando agimos dentro da Sua Palavra. Se o salvo não obedece a Palavra de Deus, então Ele não tem como repreender o devorador, pois o próprio Deus se submete integralmente à Sua Palavra.

Por essa razão Deus instituiu o dízimo, a primícia, a primeira parte que devemos separar de nossos rendimentos para entregar na casa do Senhor. Quando separamos os dez por cento para o Senhor, os outros noventa por cento, que ficam em nossas mãos, estão protegidos, por Ele, do ataque do devorador e passam a ser dinheiro abençoado (se as primícias são santas a massa também o é). Santificando o dízimo, passamos a santificar também o valor que ficou em nossa posse. O que acontece então é que passamos a ter dinheiro bom em casa em vez de dinheiro amaldiçoado. Dízimo é portanto para a proteção do dinheiro e dos bens do salvo e não para perda.

Quem não é fiel na prática do dízimo, estará com sua vida financeira muito fragilizada – amarrada com arame – e poderá ter sérios problemas financeiros por causa disso.

ONDE DEVEMOS ENTREGAR OS DÍZIMOS

Há pessoas que se julgam no direito de administrar, eles próprios, os dízimos. As vezes até estão agindo com muito boas intenções e dizem: "Eu fiz isso para ajudar meus parentes que estavam em dificuldades", "eu enviei para uma missão", "eu paguei umas contas de um irmão que estava em grande dificuldade financeira", e assim por diante. Embora as intenções sejam as melhores, a quebra dos princípios estabelecidos por Deus abrem espaço para a ação do devorador na vida da pessoa, por ela estar fora da proteção da Palavra.

Precisamos entender que nem sempre a coisa boa é a coisa certa a ser feita.

Atender alguém que esteja precisando de ajuda financeira através do dízimo pode ser uma coisa boa, mas não é a coisa certa. O correto é sempre separarmos o dízimo e não utilizá-lo para qualquer outra finalidade, mas deixar reservado para entregá-lo na igreja.

Os dízimos devem ser entregues na igreja onde o salvo é membro para o sustento da casa do Senhor. Se algum líder de igreja disser que os dízimos podem ser entregues na igreja que a pessoa quiser, isso não é verdade e estará faltando com a ética ministerial. As coisas de Deus devem ser tratadas com toda seriedade e zelo.

A nossa parte é entregar os dízimos na casa do Senhor e, se alguém não administrar corretamente esse dinheiro que foi santificado, terá que prestar contas a Deus sobre seus atos. Cada um dará parte de si diante de Deus. Seja fiel nos dízimos e deixe para Deus julgar os procedimentos de cada um.

Quanto ao estudo sobre o dízimo fazer parte da lei ou da graça, leia o livro: "Dízimo: faz parte da lei ou da graça", do mesmo autor.

Ofertas

Quando alguém dá somente ofertas e não os dízimos de toda sua renda, essas ofertas não produzirão resultado pois não procedem de dinheiro abençoado, que, como vimos anteriormente, só pode estar livre de maldição através do dízimo.

Todo cristão deve, além de entregar seus dízimos na igreja, também praticar a generosidade e dar ofertas. Embora o dízimo deva ser entregue na igreja, quanto às ofertas, estas podem ser entregues onde o Espírito Santo o direcionar. Este sim, pode ser usado para ajudar irmãos em dificuldades, entregar em obras missionárias e outras finalidades.

Devemos considerar o dízimo como sementes que lançamos no terreno espiritual para produzirem frutos:

> "E isto afirmo: Aquele que semeia pouco pouco também ceifará; e o que semeia com fartura com abun-

> dância também ceifará. Cada um contribua segundo tiver proposto no coração, não com tristeza ou por necessidade; porque Deus ama a quem dá com alegria. Deus pode fazer abundar em toda a graça, a fim de que, tendo sempre, em tudo, ampla suficiência, superabundeis em toda boa obra. Como está escrito: Distribuiu, deu aos pobres, a sua justiça permanece para sempre. Ora, aquele que dá semente ao que semeia e pão para o alimento também suprirá e aumentará a vossa sementeira e multiplicará os frutos da vossa justiça, enriquecendo-vos, em tudo, para toda generosidade, a qual faz que, por nosso intermédio sejam tributadas graças a Deus" - 2 Coríntios 9 : 6 a 11.

A generosidade nas ofertas vai determinar a colheita que o cristão vai receber como resultado de sua semeadura. Aqui vai uma orientação para quem vai precisar de recursos financeiros, e que serve também para os tempos de crise. Um erro que alguém pode cometer é, quando em tempos de necessidade financeira ou diante de uma crise iminente ou até mesmo real, deixa de entregar o dízimo e de ofertar por medo de não ter o suficiente para se manter. O diabo tem enganado pessoas colocando esse medo no coração delas: "Se você der, vai faltar para você. Segure tudo o que você pode para depois você poder ter para pagar suas contas". Preste muita atenção nisto: "Quem quer viver uma vida abençoada deve manter sua fidelidade nos dízimos e continuar a semear no Reino de Deus, para sempre ter o que colher". Não deixe o diabo o enganar para depois roubar sua bênção. Seja fiel nos dízimos e nas ofertas e você não precisará dar jeitinhos para resolver seus problemas. Sua vida financeira não estará amarrada com arame, mas firme e sólida porquanto estará firmada na rocha que é Jesus.

OUTROS TIPOS DE OFERTAS

Além das ofertas em dinheiro, quem quiser levar uma vida abençoada deve sempre estar atento às necessidades dos outros, vendo nisso uma oportunidade de fazer uma semeadura seja com roupas, alimentos ou bens.

Em nossa caminhada como cristãos vão aparecer oportunidades, dentro de nossa capacidade de atendimento, de ajudar pessoas, instituições e outras formas de podermos doar com amor aquilo que está ao nosso alcance.

Existe um princípio que é tanto natural quanto espiritual. Deus ordenou que as árvores produzissem frutos segundo a sua espécie (Gênesis 1 : 11). Esse princípio é valido para todo tipo de semeadura que fazemos. O apóstolo Paulo confirma esse princípio em sua carta à Igreja da Galácia:

> "...pois aquilo que o homem semear, isso também ceifará" - Gálatas 6 : 7b.

Por tudo que falamos sobre dízimos e ofertas podemos concluir que, quando entendemos e praticamos os princípios bíblicos estabelecidos por Deus para nossa área financeira vamos ver o cumprimento da Sua Palavra em nossas vidas e desfrutaremos de paz e alegria com todas as bênçãos que Ele já tem preparado para nós nas regiões celestiais.

É importante frisarmos que o cumprimento dos princípios de Deus não deve ser por uma questão religiosa ou por se sentir obrigado a isso, mas, por fé de que Deus os estabeleceu para nossa prosperidade e vida abundante.

Mesmo em tempos de grande crise no mundo, nós continuaremos firmes e fortes na presença do Senhor por não estarmos em crise, mas em Cristo, o que faz toda diferença.

ADMINISTRE SUAS FINANÇAS

Todas as famílias têm receitas e despesas e existe uma regra muito simples, mas que nem sempre é obedecida: "Se você gastar mais do que ganha, vai entrar em dificuldades financeiras". Como já falamos no tópico referente a dividas, na ansiedade de conseguir coisas, pessoas têm tomado decisões erradas, comprometendo sua saúde financeira.

A razão de muitas pessoas estarem com suas vidas financeiras bagunçadas, devendo em vários lugares, bem como, sempre correndo atrás de dinheiro para saldar suas dívidas, é porque não administram suas finanças. Aproveito aqui para dar uma orientação para quando alguém, que você conhece, que vive dessa forma e vem pedir-lhe dinheiro: "Não empreste". Pode parecer duro, mas esta é a melhor forma de você ajudar quem tem suas finanças desorganizadas. Se você emprestar dinheiro você só estará fortalecendo a desordem nessa vida e ainda, vai ficar sem o dinheiro que emprestou, correndo o risco dessa pessoa falar mal de você. Quantas pessoas já passaram por essa situação deprimente de, querendo ajudar de bom coração, além de não receberem o dinheiro emprestado, ainda terem que ouvir palavras desagradáveis por parte de quem deveria ser grato e responsável na devolução do valor que pediu emprestado.

Por outro lado, se você convive com alguém que necessite de dinheiro, conhece o caráter dessa pessoa, sua integridade e correção no lidar com as finanças e esta pessoa lhe pede emprestado, se você tiver condições de emprestar, então esta é outra situação. Neste caso, havendo recursos para isso, você poderá emprestar-lhe o valor solicitado, pois sabe que é uma situação esporádica que a pessoa está passando e logo ela irá resolver seu problema, voltando à normalidade.

CUIDADO COM O "SER FIADOR"

Uma outra situação que tem produzido muitos estragos na vida financeira de alguns irmão é quando estes, querendo ajudar pessoas que lhes solicita que sejam fiadores, acabam por avalizar empréstimos ou compras de bens e depois tem que pagar a dívida pelo fato do devedor não honrar seus compromissos. Observe o que a palavra de Deus diz sobre isso:

> "O homem falto de entendimento compromete-se, ficando por fiador do seu próximo" - Provérbios 17 : 18.

> " Não estejas entre os que se comprometem, e ficam por fiadores de dívidas" - Provérbios 22 : 26

> "Pois se não tens com que pagar, por que arriscas perder a cama de debaixo de ti" - Provérbios 22 : 27.

Muitos outros versículos como esses nos advertem sobre o risco de ser fiador de outrem. Agora a mesma regra é aplicada no caso de você ter intimidade com a pessoa, conhecer seu caráter e assim por diante. Uma boa atitude preventiva para quando alguém que você sabe que não é correta na sua vida financeira lhe pedir que seja fiador é dizer: "Olha eu tenho como princípio de vida não ser fiador. Me desculpe, mas é meu princípio de vida". Dessa forma você vai estar se precavendo de situações que poderão lhe trazer constrangimentos futuros.

Faça um orçamento doméstico, liste todas as despesas e veja se elas estão dentro do seu orçamento. Caso esteja gastando mais do que ganha veja onde pode cortar despesas ajustando-as assim ao seu orçamento. Faça um planejamento a fim de equilibrar suas contas e o Senhor te abençoará grandemente e te fará prosperar em sua vida financeira. As coisas que você deseja mas não tem condições de comprar por causa do orçamento, coloque diante do Senhor pois:

> "Agrada-te do Senhor, e ele satisfará os desejos do teu coração" - Salmos 37 : 4.

Sua disposição de administrar corretamente suas finanças agradará ao Senhor e Ele irá te abençoar sobrenaturalmente sem que você precise se endividar para alcançar aquilo que você deseja mas sua renda não permite comprar. Assim agindo, você não entrará em angústia por causa de dívidas e ainda testemunhará das ricas bênçãos do Senhor sobre sua vida.

Oração para quem quer se consertar com o Senhor na área financeira

Pai, eu venho a ti em nome de Jesus, pedir perdão pelas atitudes erradas que tenho tomado em minha vida. Reconheço que sou intei-

ramente responsável pelos erros cometidos e que isto trouxe problemas na minha área financeira e te peço perdão por todos eles.

Pai, neste dia, venho consertar minha vida diante de ti e me proponho a andar segundo os princípios da tua santa Palavra, entregando fielmente os dízimos de toda minha renda e dando ofertas, na certeza de que Ela vai se cumprir em minha vida.

De hoje em diante não vou mais comprar o que não puder pagar e vou aguardar no Senhor as bênçãos que necessito em minha vida.

Em nome de Jesus declaro que já fui abençoado com toda sorte de bênçãos espirituais segundo Efésios 1 : 3, e que todas elas chegarão em minha vida no tempo determinado pelo Senhor. Também me comprometo a testemunhar diante dos irmãos sobre a bênção de andar de acordo com a vontade do Senhor, para edificação de outras vidas.

Capítulo 6

Vida física amarrada com arame

"Acaso, não sabeis que o vosso corpo é santuário do Espírito Santo, que está em vós, o qual tendes da parte de Deus e que não sois de vós mesmos?"

1 Coríntios 6 : 19

Outra área em que temos visto descuido por parte de alguns cristãos, é com relação a parte física. Cuidar do corpo também faz parte de uma vida espiritual sadia. Tem irmãos que acham que espiritualidade é somente orar em línguas, ir em vigílias, participar dos cultos etc..., e negligenciam o cuidado com o corpo, através do qual todas essas coisas são possíveis.

Não estamos aqui querendo levar a extremos e que, todos quantos lerem este livro, devem ir imediatamente fazer inscrição em alguma academia de ginástica. O objetivo é chamar a atenção para o templo onde Deus habita, que é nosso corpo, e passarmos a observar se temos tido hábitos saudáveis para a manutenção de nossa saúde, ou se temos sido negligentes, abusando de atitudes que podem ser nocivas à saúde.

O corpo humano, embora alguns não gostem que se fale disso, pois querem ficar joviais até a morte, tende naturalmente ao envelhecimento. Embora exista hoje uma série de cremes e tratamentos para rejuvenescimento, uma coisa é certa, da velhice ninguém escapa a não ser que morra prematuramente. Eu sei que este não é um assunto interessante de se tocar, mas a verdade é que ninguém pode escapar disso. Contudo podemos envelhecer com saúde e bem estar. Envelhecimento, decididamente, não é sinônimo de enfermidade ou de improdutividade, mas, se você não tomar certos cuidados com seu corpo, este pode vir a sofrer de vários tipos de problemas e enfermidades com consequentes dificuldades para uma vida normal e saudável.

Há pessoas que associam envelhecimento com o aparecimento de doenças e, inclusive liberam palavras de maldição pelas suas bocas, ignorando o mal que estão produzindo através delas:

> "A morte e a vida estão no poder da língua, o que bem a utiliza comerá do seu fruto" - Provérbios 18 : 21.

Há pessoas que sem perceberem falam frases do tipo: "Estou na idade do Condor – com dor aqui e dor ali" e ainda acham graça disso, ignorando que estão liberando palavras de maldição contra suas próprias vidas e colocando em risco a própria saúde. Jesus nos alertou para tomarmos cuidado com as palavras que saíssem da nossa boca:

> "porque, pelas tuas palavras, serás justificado e, pelas tuas palavras, serás condenado" - Mateus 12 : 37.

Não devemos nos esquecer que temos um inimigo que é o diabo que nos acusa diante de Deus, embora alguns achem que isso já não acontece mais, afirmando que ele foi lançado por terra; a verdade é que ele ainda nos acusa, sim. Essa é a razão de termos advogado à direita do Pai para nos defender a fim de que não sejamos acusados em vão. Porém, ao liberarmos palavras de maldição, Satanás vai usar essas palavras que saem de nossas bocas para agir com legalidade contra as nossas vidas.

Jesus disse que as palavras que saiam da sua boca eram espírito e vida.

Da mesma forma, temos que liberar vida com nossas bocas como forma de proteção de nossa saúde.

O fato de liberarmos palavras de vida, por si só não garantem qualidade de vida. Se não tomarmos atitudes coerentes com a fé que proferimos através de nossas bocas, essas palavras não vão garantir saúde. Por exemplo: a pessoa ficar declarando que pelas pisaduras de Jesus já foi curada, que Jesus já levou todas suas enfermidades na cruz para que ela tivesse saúde etc... Mas se ela ficar se entupindo de gordura de diversas maneiras, comendo muita fritura e outras formas de ingestão de gordura, pode ficar declarando quanto quiser, que vai sofrer as consequências desse exagero. Então, temos que fazer as duas coisas, declarar sim em fé, mas também ter atitudes saudáveis, pois só assim teremos qualidade de vida até nossa velhice.

Portanto, é possível, sim, a pessoa envelhecer com saúde e terminar seus dias com uma qualidade de vida satisfatória, tudo vai depender de como vai tratar seu corpo.

Quando a pessoa não cuida corretamente do seu corpo, começa a dar jeitinhos para ficar um pouco mais saudável e vai amarrando sua vida física com arame até que esse arrebente e, em alguns casos, pode ser tarde demais.

ALIMENTAÇÃO

Como não sou nutricionista, não vou me aventurar a orientar sobre programas alimentares ou dietas para emagrecer.

Mas uma coisa é certa, se a pessoa está com excesso de peso, é porque comeu mais alimento e com isso mais calorias do que conseguiu gastar. Tem pessoas que dizem que não comem nada e ainda assim estão com excesso de peso. Veja se nos países em que as pessoas passam fome você encontra alguém com sobrepeso. É claro que a medida em que a idade avança, nosso metabolismo vai mudando. Por isso precisamos conhecer um pouco do metabolismo do nosso corpo, a fim de entendermos a fase da vida em que nos encontramos e assim termos hábitos alimentares de acordo com nossa etapa de vida:

> "Todo atleta em tudo se domina; aqueles, para alcançar uma coroa corruptível; nós, porém, a incorruptível" - 1 Coríntios 9 : 25.

Aqui o apóstolo Paulo está nos falando sobre domínio próprio. Ele cita o exemplo do atleta que, para poder alcançar a vitória, se abstém de tudo aquilo que pode, de alguma forma, prejudicar seu condicionamento físico e prejudicar seu objetivo, que é ganhar o prêmio. Será que, como cristãos, deveríamos ser diferentes?

Tem pessoas que têm compulsão alimentar, ou seja, não podem ficar perto de comida que avançam nela. Não se preocupam se devem ou não comer naquele momento, não avaliam o tipo de comida que está à sua disposição, não moderam o apetite por estarem muito acima do peso, simplesmente vão abrindo a boca e devorando tudo o que está pela frente. Normalmente este tipo de comportamento está ligado a problemas emocionais. Quando a pessoa identificar que tem problemas emocionais que não foram resolvidos em sua vida, deve procurar aconselhamento pastoral urgente, para buscar solução para esses problemas, pois além do corpo, estes podem afetar também a vida espiritual e impedir que a pessoa receba o que Deus tem preparado para ela.

Pessoas que estão muito acima do peso ideal para sua idade, devem ter mais cuidado com o tipo de alimento que comem, senão vão engordando cada vez mais e com isso afetando seriamente sua saúde física, abrindo a porta para que enfermidades se instalem em seu corpo. O que estamos falando aqui é muito sério e se você está nesta situação deveria se perguntar: "Este tipo de atitude, frente a comida está agradando ao meu Deus?".

Eu sou particularmente contra todo tipo de radicalismo. Tem gente que está sempre inventando uma dieta nova para emagrecer, até conseguem sucesso por algum tempo, mas logo a disciplina vai embora e voltam a engordar tudo de novo, e às vezes até mais do que antes. Outros acham que tomando remédio para emagrecer, sem controlar o tipo e quantidade de alimento que comem, vão resolver o problema e vivem se entupindo de medicamentos que prometem maravilhas. Não adianta a pessoa ir a extremos, a menos que esteja numa situação muito delicada de saúde.

Enquanto ainda temos uma vida, até certo ponto saudável, pois é difícil uma pessoa obesa ter boa saúde, podemos mudar nossos hábitos alimentares, para que possamos ir emagrecendo ao mesmo tempo em que vamos eliminando possíveis causas de enfermidades. Pessoas muito obesas deveriam consultar um endocrinologista para uma avaliação da sua condição física e uma nutricionista para uma avaliação alimentar, além de um programa alimentar que possibilite redução de peso e melhora na saúde física.

Há irmãos que não avaliam se certos alimentos são ou não aconselháveis para a situação em que se encontram, simplesmente os comem. Deixe-me dizer-lhe, leitor, uma coisa muito séria: **"Não adianta orar por saúde física, quando nossos hábitos alimentares nos levam em direção oposta".** Não adianta a pessoa tomar posse de saúde para o corpo, ficar declarando que é saudável, determinar com fé que nada vai acontecer por comer exageradamente, porque vai acontecer sim. Deus nos deu inteligência para dela usarmos, inclusive no que diz respeito à nossa saúde.

Falta de cuidado na alimentação pode prejudicar o ministério da pessoa por dificuldades de mover seu corpo pela obesidade ou até gerar enfermidades que impedem a prática de exercícios.

Não quero assustar ninguém com os comentários sobre este assunto, mas o fato é que leitura bíblica e oração não emagrecem, e a pessoa descontrolada pode vir a contrair enfermidades muito graves, podendo até vir a falecer. Não se brinca com saúde. As vezes vemos irmãos obesos que numa festa comem tudo que seus olhos podem alcançar e ainda brincam com esse tipo de atitude. Nosso corpo vai cobrar depois a fatura de não ter sido cuidadoso com ele e por isso ele estar debilitado e não poder cumprir com o seu propósito de glorificar ao Senhor através dele.

Como está a área alimentar, essa parte tão importante de sua vida? Se você não estiver tomando atitudes que melhorem sua condição física, através de uma dieta alimentar saudável, então certamente você está amarrando sua saúde com arame.

EXERCÍCIO FÍSICO

Uma outra forma de cuidarmos do nosso corpo, é através de exercícios físicos. Aqui também é preciso tomar muito cuidado! Principalmente quando vê num programa de televisão mostrando alguém que tinha uma barriga enorme, mas que com alguns minutos de certa ginástica ficou com um tremendo corpo atlético, vai se atirando numa empreitada de fazer exercícios sem conhecer sua condição física para isso podendo, inclusive, colocar sua vida em risco. Por exemplo: a pessoa pode resolver praticar esporte todo final de semana já que durante a semana é impossível. Aqui há um risco muito grande para quem leva uma vida sedentária e agora resolve resgatar o tempo perdido, pois em vez de trazer benefícios para sua saúde, vai acabar é prejudicando-a por não estar seu corpo em condições de receber uma carga excessiva para seu condicionamento físico, gerando algum outro tipo de problema, às vezes com consequências muito sérias.

O ideal é que a pessoa primeiro defina, junto com um profissional da área, que tipo de atividade vai acrescentar à sua vida normal e fazer disso um hábito saudável.

Quem leva vida sedentária deve, antes de iniciar as atividades físicas, consultar um médico para uma avaliação de seu estado de saúde. Depois, dependendo do resultado, ver qual o tipo de exercício mais conveniente para sua idade e condições apresentadas. Hoje existem muitos locais em que as pessoas podem recorrer em busca de um programa de exercícios que venham a ajudá-la. Pode ser a academia de ginástica, clube e até mesmo prefeituras que tem programas para seus munícipes, desde caminhadas, até natação e musculação, enfim, para quem quiser mudar o ritmo de vida, o que não falta são recursos para isso.

Caso a pessoa não queira entrar num programa de exercícios, mas iniciar uma atividade física para ir melhorando suas condições, a caminhada é sem dúvida um meio de iniciar um programa de atividades. O ideal é ir devagar, no princípio, e depois ir aumentando o ritmo, a medida que a pessoa vai melhorando sua condição. Mesmo neste caso, a avaliação física é indispensável para o conhecimento de como anda sua saúde, antes de iniciar a caminhada.

O fato de alguém iniciar uma atividade física não significa que com isso pode continuar comendo de tudo indiscriminadamente, para não se dizer, comer tudo o que está na mesa. Uma coisa não elimina a outra. Ambas devem seguir juntas.

O que dissemos nos itens acima, nada tem a ver com vaidade, nem o objetivo é despertar na pessoa o desejo de ter um corpo escultural para mostrar aos outros, mas unicamente visando cuidar bem dele para que possamos servir melhor ao Senhor. Nós temos um chamado de Deus para ser cumprido nesta terra e, se além da parte espiritual, não cuidarmos também da parte física, poderemos ter dificuldades para cumprir os planos que Ele tem em nossas vidas.

Como disse, não sou médico nem nutricionista, mas alguém que tem observado a vida e atitudes dos irmãos nas igrejas e visto que esta área de suas vidas não tem recebido o devido cuidado.

APRESENTAÇÃO PESSOAL

Aqui também cabe uma observação muito importante. Como bons cristãos, devemos dar atenção a nossa apresentação pessoal, pois as pessoas que nos cercam estão nos observando e nossas atitudes e a maneira como nos apresentamos vai falar bem alto a nosso respeito.

É claro que o ambiente é que vai determinar o tipo de vestimenta que vamos usar. Mas quando a pessoa tem uma auto imagem negativa ou mesmo, baixa auto estima, pode reproduzir isso na sua forma de vestir, sendo uma pessoa desleixada para com a aparência e, assim, refletir uma imagem não muito boa para as outras pessoas.

Até mesmo na igreja, nos cultos, vemos irmãos que não se preocupam em vestir-se para uma ocasião tão importante que é ir à casa de Deus para cultuar a Ele. Vão como se fossem para um lugar qualquer em que não se requer nenhuma vestimenta mais apresentável, o que não é verdade. Vestir-se bem não é uma questão de dinheiro, mas de interesse e de boa vontade. Principalmente aqueles que desempenham algum tipo de função na igreja (não importa qual seja), deve ter uma preocupação ainda maior, pois irá servir de exemplo para os demais. Não se trata de competir para ver quem se veste melhor, mas com isso demonstrar o cuidado e carinho para com as coisas de Deus. É interessante notar um detalhe que a Bíblia descreve sobre a vestimenta de Jesus:

> "Os soldados, pois, quando crucificaram a Jesus, tomaram-lhe as vestes e fizeram quatro partes, para cada soldado uma parte; e pegaram também a túnica. A túnica, porém, era sem costura, toda tecida, de alto a baixo. Disseram, pois, uns aos outros: Não a rasguemos, mas lancemos sortes sobre ela para ver a quem caberá - para se cumprir a Escritura: repartiram entre si as minhas vestes e sobre a minha túnica lançaram sortes. Assim, pois, fizeram os soldados" - João 19 : 23, 24.

Eu não consigo entender que Jesus andava mal vestido, pois ninguém iria disputar vestes de uma pessoa mal vestida.

Inclusive o versículo dá detalhes da sua túnica, evidenciando assim a qualidade do que Jesus vestia. Quando eles viram a qualidade da túnica que pertencia a Jesus, disputaram entre si para ver quem ficaria com ela. Imagine que morreu um mendigo na esquina da sua casa, você acha que haveria uma correria para ver quem iria ficar com as suas vestes? Certamente que não, pois sabemos que um mendigo se veste com roupas não boas e muitas vezes sujas. Se eles disputaram a túnica de Jesus, era porque ela tinha muita qualidade e pelo menos um deles iria ficar com ela.

Por isso este quesito tem também grande relevância, pois a primeira impressão que temos de uma pessoa é através da forma como ela se apresenta. Como já disse alguém: "Você não terá uma segunda chance de causar uma primeira boa impressão".

Que esta leitura possa influenciar irmãos a tomarem atitudes para mudar sua condição física e estimulá-los a uma vida cristã saudável com bons frutos que glorifiquem ao nosso Senhor e Salvador Jesus Cristo. Caso você não esteja tomando o devido cuidado com seu corpo e o Espírito Santo falou com você que precisa mudar suas atitudes e queira fazê-lo, então ore com arrependimento a oração abaixo e Ele ajudá-lo (a) a vencer isso.

ORAÇÃO PARA MUDANÇA DE HÁBITOS DE VIDA

Pai, eu venho a ti em nome de Jesus. Reconheço que tenho sido negligente com o corpo que o Senhor me deu e não tenho tomado o devido cuidado com ele. Me perdoe por não estar tratando corretamente do meu corpo que é habitação do teu Santo Espírito, e ajuda-me a mudar os hábitos de vida que têm prejudicado minha saúde para outros que venham produzir bem estar e vigor físico para que eu possa te servir bem, conforme o propósito para o qual eu fui gerado por Ti.

Obrigado Pai pelo teu grande amor por mim e eu sei que a partir de agora as coisas vão mudar e eu serei um bom mordomo do meu corpo e sei também que posso contar com tua ajuda nesse propósito.

Eu oro a ti em o nome de Jesus. Amém.

Capítulo 7

Vida profissional amarrada com arame

"O preguiçoso não lavra por causa do inverno, pelo que, na sega, ele procura e nada encontra"

Provérbios 20 : 4

Deus tem prazer em que Seus filhos prosperem e está disposto a ajudá-los a vencer em todas as situações. Uma coisa que temos que entender é que Deus só faz aquilo que o homem não pode fazer.

O possível é a parte do homem e o impossível, a parte de Deus.

Tem pessoas que não fazem coisa alguma para melhorar nos seus empregos ou negócios; são negligentes quanto a adquirir novos conhecimentos, a buscar novas estratégias ou novas oportunidades de negócios, enfim, não fazem sua parte para que a vida profissional seja próspera.

Deus abençoa o trabalho e não a preguiça.

Alguns culpam outras pessoas ou a situação de mercado para explicar o porque de não conseguirem ascenção profissional e pessoal. Temos que mudar essa visão, pois quando somos determinados, nos esforçamos, procuramos andar corretamente conforme a Palavra de Deus e colocamos nossa fé em que Ele estará nos ajudando, nada poderá impedir que a bênção nos alcance. Infelizmente há aqueles que ficam olhando para o noticiário da televisão ou da mídia escrita e se deixam conduzir pelo que dizem os repórteres e comentaristas econômicos.

As dificuldades da terra não podem impedir o que o céu tem para dar àqueles que andam por fé e não pelos órgãos dos sentidos:

> "Bendito o Deus e Pai de nosso Senhor Jesus Cristo, que nos tem abençoado com toda sorte de bênção espiritual nas regiões celestiais em Cristo" - Efésios 1 : 3.

O versículo diz que já fomos abençoados com todo tipo de bênçãos. Isso quer dizer que nas regiões celestiais já está provisionado tudo o que precisaremos para viver uma vida vitoriosa "independente da situação econômica aqui na terra". Nossa visão não pode estar no que está ocorrendo na terra, mas na obra que Jesus fez a nosso favor e disponibilizou a todos quantos crêem em sua obra na cruz:

> "Pois já conheceis a graça de nosso Senhor Jesus Cristo, que, sendo rico, se fez pobre por amor de vós, para que, pela sua pobreza, vos tornásseis ricos" - 2 Coríntios 8 : 9

Jesus trocou de posição conosco levando todas nossas misérias lá na cruz, para que pudessemos desfrutar de vida abundante aqui na terra. Desculpas não ajudam a pessoa a ser promovida e crescer profissionalmente ou aumentar a receita do seu negócio ou empresa. Elas só servem para justificar insucessos, mas não produzem resultados positivos. Quem quer alcançar vitória na carreira que abraçou, seja ela qual for, deve deixar as desculpas de lado, aprender com os erros cometidos e olhar o futuro como o lugar das oportunidades em que o Senhor estará na condução da vida, para levar todos quantos nele confiam ao lugar de vitória que Ele já tem preparado.

Esta é uma forma de enxergar as coisas com uma ótica diferente daquela como o mundo vê. As pessoas que não têm Jesus como Senhor, nem a revelação de Deus através de Sua Palavra, contam somente com sua própria capacidade e com as condições de mercado para alcançar sucesso em seus empreendimentos. Num momento de crise de mercado, o desespero e o medo tomam conta dessas pessoas, produzindo desânimo e afetando suas vidas de tal forma que muitos têm reações que chegam até a situações extremas contra suas próprias vidas. Por isso a exortação de Paulo na sua carta aos Romanos:

> "E não vos conformeis com este século, mas transformai-vos pela renovação da vossa mente, para que experimenteis qual seja a boa, agradável e perfeita vontade de Deus" - Romanos 12 : 2.

O salvo não deve ter a forma de pensar do mundo, pois sua dependência não deve ser das condições ou circunstâncias que o cercam, mas de Deus e de Sua Palavra.

Quem vive no mesmo nível do mundo está com sua vida profissional amarrada com arame.

Quando as condições se tornam desfavoráveis, o arame se arrebenta e a pessoa não tem como nem em quem se segurar e passa a ficar desanimado.

UMA PALAVRA AOS JOVENS

Tenho encontrado em nosso meio jovens que desistem de seguir uma carreira profissional ao não prosseguirem com seus estudos. Alguns alegam não terem condições financeiras para pagar uma faculdade, mas a verdade é que está faltando uma visão mais ousada para irem em frente e alcançarem uma vida profissional bem sucedida. O desânimo tem sido um forte impedimento na vida de muitos jovens, que se acomodam em sua situação em vez de estabelecerem alvos e irem em frente até alcançá-los.

Quando alguém tem um propósito bom em sua vida, Deus vai abençoar esse propósito e ela vai avançar e ver o resultado como conseqüência de confiarem no Senhor. Ele se agrada de homens e mulheres ousados, que confiam n´Ele e avançam na certeza da vitória.

Paulo era uma pessoa decidida e temos que ter essa mesma determinação, se queremos andar em vitória:

> "... Mas uma coisa eu faço: esquecendo-me das coisas que para trás ficam e avançando para as que diante de mim estão, prossigo para o alvo, para o prêmio da soberana vocação de Deus em Cristo Jesus" - Filipenses 3 : 13, 14.

Os jovens têm a força e vitalidade inerentes à sua idade. Aproveite esse tempo para orar e buscar de Deus uma direção para sua vida. Vá em frente e não permita que obstáculos, sejam eles quais forem, impeçam você de alcançar a vitória. Faça desses obstáculos um motivo maior para vencer, transformando-os em trampolim que irá levá-lo a um nível mais elevado durante sua caminhada nesta terra.

Conclusão

Meu desejo ao concluir este livro é que ele possa servir de agente de transformação na história de muitas vidas. Oro para que o Espírito Santo abra os olhos daqueles que o leram, trazendo revelação e dando entendimento sobre as atitudes a serem tomadas para corrigir as dificuldades encontradas, a fim de que possam desfrutar da vida abundante preparada pelo Senhor Jesus.

Se Deus falou com você durante a leitura deste livro e você percebeu que áreas de sua vida têm estado amarradas com arame, não deixe para tomar as decisões para consertá-las mais tarde, pois assim fazendo, como já foi exposto, você estará permitindo que esses problemas se agravem, pois eles não podem ser resolvidos a menos que você tome as decisões necessárias. Agora não faça como Faraó no caso da praga das rãs:

> "Arão estendeu a sua mão sobre as águas do Egito, e subiram rãs e cobriram a terra do Egito" - Êxodo 8 : 6.

> " Falou Moisés a Faraó: Digna-te dizer-me quando é que hei de rogar por ti, e pelos teus oficiais e pelo teu povo, para que as rãs sejam retiradas de ti, e das tuas casas, e fiquem somente no rio. Ele respondeu: **Amanhã.** Moisés disse: Seja conforme a tua palavra, para que saibas que ninguém há como o Senhor, nosso Deus" - Êxodo 8 : 9, 10.

Você consegue imaginar esta cena? Está cheio de rãs por todo lado, tem rãs na rua, dentro de casa, nos quartos, no banheiro, na cozinha, ou seja, em todos os lugares. Onde quer que os egípcios fossem, tinha rãs. É um cenário terrível. Quando Moisés pergunta a Faraó quando ele queria que orasse para que fosse cessada a praga das rãs, qual foi a resposta de Faraó? -Amanhã.

Eles estão de rãs por todos os lados e Faraó diz para eles orarem sobre esse problema no dia seguinte? Nós vemos esse tipo de atitude e pensamos: Como é que pode? Agora eu pergunto, será que não existem pessoas que estão agindo do mesmo jeito que Faraó? As coisas estão complicadas em suas vidas e. em vez de tomarem atitudes para resolverem logo essas situações, ficam postergando e amarrando-as com arame em vez de tomarem decisões?

Minha oração é que, caso você perceba que alguma situação não esteja boa, ***tome hoje as decisões necessárias para consertar tudo que não está funcionando bem em sua vida e o Senhor te abençoará.***

Esta obra foi composta na Adobe Caslon
corpo 12/16 e impressa em
Off-set 75gr na Imprensa da Fé.
São Paulo, Brasil, outono de 2009.